JN115817

若手先生の
若手先生による
子どものための
教育マネジメント

杉本 敬之・村松 秀憲

人言洞

は じ め に

　本書を手に取っていただきありがとうございます。

　現在，学校現場では教職員間で支え合い，ともに教え合うことが人材的にも時間的にも年々むずかしくなっています。以前は，ミドル世代やベテラン世代の教師からたくさんの経験を教わることができましたが，そうではなくなっています。それはなぜでしょうか。

　理由は３点あると考えています。

　１点目は，若手教師を教えたり，支えたりするミドル世代やベテラン世代の教員の減少です。同じ学年の教職員の教職経験年数が，すべて10年以内ということが少なくありません。

　２点目は，業務の増加です。さまざまな調査の報告，特別な支援を要する子どもへの対応，多岐にわたる研修，新型コロナウイルス感染症対策などがあり，仕事量が大幅に増え続けています。そのようななかで，教職員間で気づいたことを聞いたり，伝え合ったりする時間が減っています。

　３点目は，学校教育のめまぐるしい変化です。新型コロナウイルス感染症の蔓延が１つの大きなきっかけでした。

　日本では，2020年１月に最初の感染者が確認されました。その後，学校では数カ月の休校期間がありました。そして，子どもたち１人ひとりにパソコンやタブレット端末が整備されました。オンライン授業の進展，黙食や配膳の仕方などの給食時のルールの変更，ソーシャルディスタンスの確保など，これまでの学校教育では想定することが困難な事態が生じました。そのようななかで，過去の経験を生かした教育では対応できないことが増えてきた事実があります。現代は不確実な時代（VUCA）といえます。

　さらに，教職員の休職者は6000人（2022年）を超え，ここ数年は高止まり状態になっています。そのなかでも20代の教職員の増加が顕著です。また，特別な支援を必要とする児童も年々増加しています。

また，日本政府が提示した「骨太の方針2022」のなかには，探究の抜本強化・個別最適な学びの実現・特別支援教育の充実などが述べられています。さまざまな施策や課題に対して適切に対応して，かつ自分のよさを生かすことができる教師が求められています。

　このような環境のなかで，若手先生が身につけていくとよいことは何でしょうか。それは，自身のメンタルを良好に保つ，特別な配慮を必要とする児童の支援を適切に行う，子どもが安心して育つ学級経営を行う，保護者や職場の教職員と良好な関係を築くためのマネジメント方法などがあげられると思います。

　そして，何より大切なのは，この本を手にとっていただいたみなさん（教師や教師をめざすみなさん）が，教師という仕事をしながらプライベートも充実させる。そして，人生をよりよいものにしていくことだと思います。

　今あげさせていただいたことを達成するために，さまざまな資料や経験などをもとにして本書をまとめています。若手先生がご自身で課題を発見し，その課題解決に向かって行動する。そして課題が解決されていく。その活動の繰り返しが，本書のタイトル「若手先生の若手先生による教育マネジメント」になっています。

　しかし，本書は書かれている内容すべてを一度に行っていただくことを目的とはしていません。一読いただき，ご自身のなかでとくに取り入れていきたい／取り入れるとよい／または取り入れられる部分から実行していくとよいと思います。そうすることで，働き方や生き方によい変化が生まれると考えています。

　読んでいただいたすべてのみなさんが，よりよい教師生活を送っていただくことを願っております。

2023年4月

　　　　　　　　　　　　　　　　　　　　　　　杉本　敬之
　　　　　　　　　　　　　　　　　　　　　　　村松　秀憲

目　次

第5章　保護者は応援隊—よいつながり方は

第6章　学校はチーム—教師との関わり方

【執筆項目】
☆杉本敬之：1，2，3，5，6，7，8，9，10，11，12，13，20，21，22，33，41，
　　　　　　　42，45，47，49，50，51，52
★村松秀憲：4，14，15，16，17，18，19，23，24，25，26，27，28，29，30，31，32，
　　　　　　　34，35，36，37，38，39，40，43，44，46，48

1　若手先生が創るこれからの教育を考える

　ここでは，学習指導要領・令和の日本型学校教育・1人1台端末について詳しく話をさせてもらいます。読者のみなさんが受けていた授業と比べてみてどのように変わっているか／変わっていないかなど考えながら読んでいただくとよいです。教師となるうえで，この3点は必ず考える機会があります。概要をつかみ，教師の仕事に取り組んでもらいたいです。

（1）学習指導要領とは

　日本の教育は文部科学省（以下，文科省）が告示する学習指導要領をもとに教育活動が実施されています。現在は平成29年度告示の学習指導要領が用いられています。学習指導要領は全体をまとめた総則や国語や算数など教科ごとにまとめられた教科編などがあります。学習指導要領では，**主体的・対話的で深い学びの実現**が求められています。

　主体的・対話的で深い学びを簡単にまとめると，**教師が主体ではなく，子どもが学習を主体的に行う。子ども同士の話し合いや学び合いなどを行う。このような学習のなかで，子どもが質の高い学びをしていくことを意味しています。**

（2）令和の日本型学校教育とは

　令和3年度に文科省から「令和の日本型学校教育」の答申が出されました。この答申は，**主語を教師から子どもに変えて**考えたものといえます。そのなかでも，注目するワードは，**個別最適な学び**と**協働的な学び**です。

　個別最適な学びとは，子ども1人ひとりの興味・関心や学習状況に応じた学習を展開していくことです。Aさんは，わり算の基礎・基本が身についているから，応用問題に取り組む。逆にBさんは，わり算の基礎・基本の習熟に課題があるため，基本的な問題に繰り返し取り組むイメージです。さらに，1つの課

題に対して，それぞれが興味をもった部分を調べていくような側面もあります。

協働的な学びとは，子どもたち1人ひとりが関わり合い，課題を解決していく学びです。社会科でいえば，3年生でスーパーマーケットの見学に行って気づいたことをみんなで話し合うなかで工夫を見つけていくような学習が当てはまります。1人だけでは見つけることができなかったことを，ほかの子どもたちとの関わりのなかで，気づきを得ていくようなイメージです。他者との関わり合いのなかで学習を深めていく学びです。本書を読んでいるみなさんが子どものときに受けていた授業と比べてみてどうでしょうか。

（3）1人1台端末とは

1人1台端末の導入によって，その場で子どもがインターネットを活用して調べ学習を行う，即座に情報共有ができるようになりました。

筆者が学級担任をしていた令和元年度と令和3年度では，明らかに授業の形態が変わりました。グループ活動を行う際，以前はグループの子どもたちが書きまとめたワークシートを順番に回して，感想を述べ合っていました。令和3年度になると，端末（iPad）を用いて，それぞれが書いたワークシートの写真を撮る，そのデータを，アプリを介して，児童1人ひとりが端末で見る。自分のワークシートと友だちのワークシートを端末上で比べて，相違点を見つけていくというような活動も可能になっています。このICT機器を効果的に用いた学習活動の展開は，授業をする際とても重要になってくるといえます。

「私にできるかな」と心配になるかもしれません。答えは「大丈夫です！」。この数年間で教員みんな初めてのことでしたが，オンライン授業やオンライン懇談会などをできるようになりました。「まずやってみる」を実践すれば，活用できるようになるはずです。

POINT

〈ここでのポイントとまとめ〉
学習指導要領，令和の日本型学校教育，1人1台端末の理解は重要。自分なりに一度考えて，子どもと一緒に学習しよう。

教師として意識したほうがよいこと

　読者のみなさんは，なぜ教師になろうと考えた／もしくは考えていますか。

　生命保険会社が行った「教員の意識に関する調査2022」[1]によると，1位が「尊敬する教員・憧れる教員に出会ったから」，2位が「教えることが好きだから」，3位が「子どもが好きだから」となっています。

　そして，教員としてのやりがいを感じるときは，1位が「児童・生徒の成長が感じられたとき」，2位が「児童・生徒の笑顔をみたとき」，3位が「児童・生徒と感動を分かち合えたとき」となっています。

　この調査結果を見て，みなさんはどのように考えますか。

　教師のやりがいは，子どもとの関わりから生まれていることがわかります。子どもとの関わりによってさまざまな経験をすることができます。それが，教師としての成長，そして自分自身の成長につながるのではないかと思います。

　子どもとの関わり合いを大切にする先生には，子どもたちは心を開いて接するようになるはずです。それが，教師と子どもの信頼関係の構築につながり，子どもたちが成長していくと考えます。具体的な子どもとの関わり方については，この後の項目でお伝えします。

　今までに出会ったなかで，この先生すごいなと思った人がいると思います。また，今働いている学校にいらっしゃるかもしれません。その先生が，みなさんにとってのメンター[2]となります。

　校内の身近な人でいえば，みなさんより少し経験年数が上の先輩，学年主任の先生などがメンターになるかもしれません。そのような先生の姿を見て学ぶことでよい先生への一歩を踏み出せるはずです。

　また，みなさんが教わってきたなかで尊敬する先生・憧れる先生がいらっしゃるなら，実際に連絡をしてみるのもよいかもしれません。みなさんが子どもだったころの様子や，その先生の理念を聞くことができるチャンスです。そ

れを教えてもらうことで，自分の強みや仕事で意識したほうがよいことに気づけると思います。

　ここで意識してもらいたいことがあります。**教師は常に完璧でいることが大切なのではないということです。不完全であるからこそ，1つずつ学びながら自分の理想とする教師に近づいていくことができます。**

　みなさんの尊敬する先生方も失敗を重ねて，1つずつ学びながら成長したはずです。教師も子どもと同じように学び続けてほしいと思います。

　そして，教師である前に1人の人間です。1人の人間としての生き方が充実するからこそ，仕事が充実する。仕事が充実するからこそ，授業が上手になる。授業が上手になるからこそ，子どもたちが意欲的に学ぶ姿につなげることにつがると思います。

POINT

〈ここでのポイントとまとめ〉
① 教師になろうと考えた理由をもう一度考え，それに近づくために行動しよう。
② 教師のやりがいは，子どもとの関わり。よりよい関わり方ができるよう，教師自身が学んでいこう。
③ 自分の理想とする先生の姿から学ぶ。そして実際に話を聞いてみよう。

注
1）「教員の意識に関する調査 2022」は，ジブラルタ生命保険株式会社が20〜69歳の教員2000名（小学校・中学校・高等学校・特別支援学校の男性1000名・女性1000名）を対象にインターネットリサーチで実施し，集計結果を公開したもの。
2）メンターとは，仕事上の助言をする，自分の手本になる人のこと。

教師とはどのような存在なのか

　筆者は，15年連続で学級担任をしました。その経験やさまざまな先生と出会い話をするなかで，子どもをよりよい成長につなげている教師の特徴に気づきました。ここでは，「子どもを成長につなげる教師」の特徴を伝えます。

　ここでいう成長とは，学習や日常生活で本人から「○○をしてみたい！」と主体的に生きていく力が高まる，「私はやればできる」という自己有用感が高まることをさします。

（1）「子どもを成長につなげる教師」の特徴

　「子どもを成長につなげる教師」には，3つの特徴「①子どもをどのように育てたいかビジョンをもっている，②子どもが思考できるように支援している，③子どもと同じように学んでいる」があります。以下に，それぞれについて詳しくお話します。

　① 子どもをどのように育てたいかビジョンをもっている

　教師は子どもを育てるためにいます。育てるとはどのような姿をめざしているかが明確になっているということが大切になります。子どもを成長につなげる教師はビジョンが明確になっています。

　例えば，「**自律的な子どもを育てたい**」とビジョンをもっていれば，**自ら考え行動する場面**を意図的に多く取り入れていくと思います。さらに，子どもが教師に質問した際は，そのまま質問に答えるだけではなく「○○さんはどう思う？」と，**子どもの考えを尊重する**支援を行います。このようにビジョンをもつ教師は，授業することが目的になるのではなく，どのような子どもに育ってほしいかを軸とした支援になっていくと考えられます。

　② 子どもが思考できるように支援している

　小学校低学年ですととくに当てはまるのですが，教師の方が子どもより知識

が多いことがよくあります。このようなとき，思わず教師から「○○しましょう」と指示が多くなってしまうことがあります。もちろん，指示が必要なときはあるのですが，指示が多くなる支援を続けると，子どもたちは指示を待ってから行動するということを学んでしまいます。

　さらに，授業中の子どもの発言を何度も要約してしまうことがあります。「○○さんの言っていることは～ということです」と教師がまとめているのです。教師が毎回まとめていくと，子どもの発言を聞くのではなく，そのあとに言われる教師の要約を聞くようになるのです。いわゆる，教師対子どもの授業構造につながっていきます。

　この場面では「○○さんの言っていることにほかのみんなはどう思った？」と教師の発言を少し変えるだけで，子どもが思考できるようになると思います。それが，子ども同士の協働的な学びにつながると考えています。

　「子どもを成長につなげる教師」は，指示は必要なときのみと意識して，**子どもたち自身で何が必要かを考える機会をなるべく多く設定しようとしています。さらに，教師が出過ぎて子どもの思考を邪魔しないように意識して授業を行っています。**

　③　子どもと同じように学んでいる

　子どもはすぐれた学び手です。私たちも小さいとき（乳幼児のころから），何かを知りたい，達成したいと考え，行動をしていました。歩きたいから，何かにつかまって立ち上がる。何かを伝えたいから，喋るようになる。たし算ができるようになりたいから学習する。足が速くなりたいから走る。「○○したいから○○をする」と行動をとっています。

　「子どもを成長につなげる教師」は，**同じように学んでいます。**よりよい授業をしたいから教材研究を行う。クラスの○○さんの学習を深めたいからワークシートを考える。若い教師を育てたいから，悩みを聞いて解決策を一緒に考えるなどです。

　すぐれた教育を実践された大村はま先生は，以下の引用のとおり「研究することは教師の資格」と述べています[1]。

子どもと同じ世界にいたければ精神修養なんかではとてもだめで，自分が研究しつづけていなければなりません。研究の苦しみと喜びを身をもって知り，味わっている人はいくつになっても青年であり，子どもの友であると思います。

　研究（学ぶこと）をしつづけることが教師にとっていかに大切かを伝えていると思います。教師も子どもと同じように１人の人間です。「子どもを成長につなげる教師」は，子どもと同じようにすぐれた学び手として行動しているのだと考えられます。

（２）すばらしい先生との出会い

　筆者は，たくさんのすばらしい先生方と出会うことができました。そのうちの２人を紹介します。

　① 学びを現在に当てはめて変化させることができる先生

　１人目は，現在校長として活躍されている先生です。経験は年齢を重ねるごとに増えていきます。しかし，それを生かせているかどうかは人によって違うと思います。その校長先生は，昔はこうだったと言って終わるのではなく，「昔はこうだったが，今と昔では○○が違う。だから○○のように行動していく必要がある」と語ってくれます。

　経験したことを，そのまま当てはめて行動するのではなく，現在の課題を解決するために活用する姿勢をもっているのだと思います。経験値が増えていけばいくほど，現状に合わせたよい解決策が思いつくのだと思います。経験を思い出にするのではなく，問題解決の手段にできる能力に長けているといえます。

　② 研究を続ける先生

　２人目は，筆者の同期の先生です。その先生は，筆者が初めてとある研究会に参加したとき（教員２年目）に実践提案をしていました。同世代の人がこんなにすごい提案をしていてすごいなと感じたのですが，現在もすごいです。研究を続けていて，一地方自治体にとどまらず，全国規模での提案，そして個人的な研究会の運営も行っています。

　その先生は，ずっと研究を行う・研究のフォローをする，人との対話を大切

にすることをしています。

（3）対話を大切にする

　筆者は，さまざまな人との対話を大切にしています。例えば，「研究会で大勢の前で話をする」「若手の先生の授業を考える際に，相手の話をしっかりと聞きながら考えを素直に述べる」「先輩の先生方からのアドバイスを引き出す」などを自然と行うことを心がけています。

　この「研究を続ける」「研究に対しての対話をしつづける」ことによって，その人の現在があるのではないかと考えています。また同時に楽しんでいるのだと思います。

　興味をもったことを，興味をもつだけでなく，やり続けること。さらに，そのことについて人と話をしてみることで，新しい道が拓けてくると思います。興味があるものは，まずやってみて続けることをおすすめします。

　現代は，新型コロナウイルス感染症の蔓延や１人１台端末の導入など，教育の現場が数年で大きな変化をとげています。おそらく，本書を読んだ５年後，10年後には，また新しい教育のトレンドが生まれているはずです。そのなかにおいて，今まで同じ価値観で過ごしてしまうことは大きなリスクになると思います。だからこそ，子どもと同じように教師も新しいことを学び続けることを大切にしてほしいです。そして，子どもにとって都合のよい教師ではなく，子どもの成長のためによい教師になれるように努力をしてもらえると嬉しいです。

POINT

〈ここでのポイントとまとめ〉
① 子どもをどのように育てたいか，自分なりのビジョンをもとう。
② 子どもが思考し，成長できるように支援を行うことを意識しよう。
③ 子どもと同じように学び，成長しつづけていこう。

注
1）大村はま（1996）『新編　教えるということ』〈ちくま学芸文庫〉筑摩書房，28頁

4 　教師と子どもの関係

⟩ 子どもとの関係づくりはよりよい学級づくり ⟨

（1）なめられない教師は必要ではない

　「なめられない教師」になりたい。そんな言葉を聞いたことがあります。「なめられない」ということは，授業もやりやすいでしょう。でも，それは，教師が授業をやりやすいのであって，学習者の子どもたちは授業をやりやすいと思うことはありません。そして，**従順させるクラスをつくることは現在の日本では求められていません。**結果的に，教師と子どもの距離はどんどん離れていって，孤立してしまいます。そんな先生にならないためにも，ここでは教師と子どもの関係づくりについて述べていきます。

（2）どんな小さい約束でも守る

　子どもと約束する場面は多いと思います。「先生，明日の昼休みは遊んでね」「次の体育の鉄棒で，逆上がりを見せたいから約束ね」などさまざまでしょう。教師は多忙ですので，約束を忘れてしまうこともあるかもしれません。ですが，**子どもにとって，先生との約束は大切なことです。**先生が，「ごめんね。約束忘れちゃってたから，また次ね」と先延ばしにしてしまうことが積み重なると，**「この先生は，私のお話を聞いてくれない」と不信感が募ってしまいます。**子どもには「約束を守りましょう」と言いつつも，自分は守らないならば，先生の指示もとおりづらくなり，本末転倒です。1人ひとりの約束を守ってあげることが子どもの安心感が生まれることにつながります。

（3）その日によってルールを変えない

　子どもは，ルールを守るという姿勢を強くもっています。基本的に教師の言葉を信じて学んでいきます。ですが，**先生がすぐにルール変更したり，前回言っていた内容と違うことを指示したりすることが子どもにとってストレスとなり**

ます。「あれ，前と言っていたことと違うな。何をすればいいのかわからない
な」と活動が不透明になります。すぐにルール変更したり，その日の気分で，
ルールを付け加えたりすることはやめましょう。

（4）誰にでも同じように接する

　子どもは，教師と自分との関わりだけでなく，自分ではないほかの友だちと
の関わりもよく見ています。子どもによって話す内容を変えてしまうと「自分
のときには，先生はだめだって言ったのに，この子のときには，いいよって言っ
ている。なんでかな…」「先生は，あの子には，とても厳しい話し方をしてい
る。自分のときと全然違うよ」と担任への信頼感は薄れていきます。話す内容
だけでなく，顔の表情や口調なども子どもはよく見ていますので，意識しましょ
う。

（5）子どもの人権を守る

　「児童の権利に関する条約（子どもの権利条約）」を知っていますか。これは，
子どもの基本的人権を国際的に保障するために定められた条約です。18歳未満
の人たちを子どもと示し，世界のすべての子どもたちに自らが権利をもってい
るということを約束されています。1994年に批准されました。ここで大切なの
が，子どもをしっかりと1人ひとりの人間として基本的人権を所有していると
いうことです。また，「生きる権利」「育つ権利」「守られる権利」「参加する権
利」と権利が存在しています。教師としてもしっかりと子どもの成長に寄り添
い，認めていく姿勢をもち続ける必要があります。そして，1人ひとりとのよ
りよい関係づくりが学級づくりにもつながっていくのです。

POINT
〈ここでのポイントとまとめ〉
① 教師と子どもの関係づくりは学級づくりにつながる。
② 子ども1人ひとりに，しっかりと向き合う姿勢をもち続ける。

5 教師と保護者の関係

（1）保護者はパートナー

みなさんは「保護者」と聞くと，どのような関わりを思い浮かべますか。「クレームがきたらどうしよう」「今日あった子どもの課題を伝えるのは緊張するな」「○○さんの保護者によかったことをぜひ伝えたい」など良いイメージと悪いイメージが思い浮かぶかもしれません。

では，法律上では保護者とはどのような存在となっているのでしょうか。教育基本法第十条には，以下の記述があります。

> 父母その他の保護者は，子の教育について第一義的責任を有するものであって，生活のために必要な習慣を身に付けさせるとともに，自立心を育成し，心身の調和のとれた発達を図るよう努めるものとする。

保護者は，**子どもの教育について第一義的責任（最も重要な責任）がある**ことが明記されています。

つぎに，保護者と学校との関係性です。教育基本法第十三条の記述です。

> 学校，家庭及び地域住民その他の関係者は，教育におけるそれぞれの役割と責任を自覚するとともに，相互の連携及び協力に努めるものとする。

学校と家庭は連携するもの，協力していくものと示されています。これは，教師（学校）と保護者はパートナーとして子どもの教育を行っていくことを示していると思います。

教師は，子どもとの直接的な関わり（学校の在籍年数や学級担任など）は長くても数年ですが，保護者は違います。その子どもと一生を過ごしていきます。子どものよい成長のためには，一生を過ごす保護者との連携がとても大切です。

読者のみなさんは，**保護者はお客さんではなく，一緒に子どもをよりよく育**

ていくパートナーであることを意識してもらえると嬉しいです。

（2）保護者とのよいパートナーシップの築き方

　では，教師と保護者がよいパートナーシップを築くためのポイント３点「①**保護者との情報共有，②子どもを通して保護者に学校の情報を伝える，③チーム学校での対応**」を以下にそれぞれお伝えします。

① 保護者との情報共有

　筆者は，個人面談，授業参観，懇談会，電話を含む連絡，学年便り，学級便り，ホームページなどで学校や子どもの様子を伝えていきます。個人面談，授業参観，懇談会，電話対応，学級便りなどについては，後ほどのページで詳しく伝えさせてもらいます。

　保護者との情報共有することのよさは，教師が見えている学校の様子を保護者が理解できることです。

　個人面談などの際に学校での様子を伝えると，「家では，ゆっくり行動することが多いのだけれども，学校内では，しっかりと見通しをもって行動していると聞いてとても嬉しかった」「学習に参加できているかどうか心配だったが，発言をしたり，グループでの話し合いをまとめたりしていることを聞いて驚いた」などと保護者が驚くことが多々あります。

　また，保護者に情報共有するということは，子どもの実態把握にも有効です。あらかじめ情報共有することが前提となると，子どもの様子をしっかりと見ることができるようになります。これは，教師・保護者・子どもの三者にとってプラスになるはずです。

② 子どもを通して保護者に学校の情報を伝える

　筆者の知っている校長先生が実際に行っていたことを紹介します。校長先生が担任時代に「お家の人に学校であったことをなんでもよいから伝えなさい」と指導していたそうです。その結果，保護者からは，「今まで学校の話をあまりしなかったのに話してくれるようになってよかった」「学校の様子がわかって，家でも必要なことを伝えられるようになった」などの意見があがってきた

そうです。良いことも悪いことも伝わる場合もあると思いますが，あらかじめ情報が伝わっていると間違えなく連携体制が築きやすくなります。

③ チーム学校での対応

いじめ，校内での問題行動（授業中の立ち歩きや暴力行動），家庭内での生活が要因となっている課題（満足に食事を食べられていない，虐待）など，学級担任1人では解決することがむずかしい場面が起こることがあります。このようなときは，**絶対に1人で抱え込まず，学校内で情報を共有して，保護者対応をしてください。**

まずは，学年の教師に相談してみるとよいです。学年の教師のなかで，似ている経験をしていることがあるはずです。その経験を聞き，対応方法を練ることで改善することがあります。また，学校のなかで子どもの支援方法を中心となって取り組んでいる教師がいると思います。その教師と連携することで，学校内で解決できる問題なのか，または外部機関（児童相談所やそのほかの公的機関など）につなぐ必要があるかが見えてくるはずです。そして，学校管理職（校長・教頭）にも必ず情報共有しましょう。学校管理職は，学校全体の様子や地

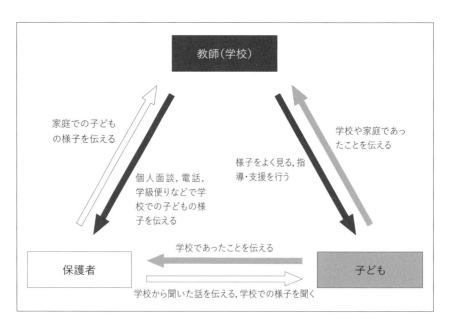

域の特性などを把握しています。また，外部機関との連携を密に行っていることが多いです。そのような視点から課題解決の方法を保護者に提案することができるはずです。

　最後に，大切にしたいことは**教師と保護者はどちらも子どもの成長を望んでいる**ということです。教育は，子どもたちのよい成長のために行うものです。教師も保護者も子どもを支えていく立場です。教師と保護者が同じ方向をみて子どもを支えることが子どもの幸せにつながります。ただし，その「成長する」という抽象的な言葉には注意が必要です。「成長する」という認識にずれが起きる可能性が高いからです。ある人から見れば，学力が向上することを「成長する」とみているかもしれません。また他方で，友だちとうまくコミュニケーションをとれるようになることが「成長する」とみるかもしれないのです。この「成長する」という具体の姿を保護者と教師が共有することが大切です。

　そのために教師と保護者は，子どもに対して感じていることを率直に話し合うことが必要です。その話し合いのなかで今後の家庭での支援，学校での支援がみえてくる可能性が高いのではないでしょうか。もしその「成長する」の具体の姿が保護者と教師が異なるのであれば，そこで調整していけばよいと思います。

　また，子ども自身がどうなりたいのかを保護者も教師も知っておく必要があります。この「成長する」の思いのベクトルが同じ方向に向かったとき，子どもの大きな成長につながるのではないでしょうか。読者のみなさんも「成長する」の共有化を図ってみてください。そして，ぜひ保護者とよいパートナーシップを築いてください。

POINT

〈ここでのポイントとまとめ〉
① 保護者は子どもの教育の最も重要な存在。
② さまざまな方法を使って教師と保護者のパートナーシップを築こう。
③ 教師と保護者は子どもの成長を願っている存在。

6 同じ職場の教職員との関係

　学校は，校長だけでは子どもの教育を行うことはできません。校長，教頭(副校長)，教諭，養護教諭，事務職員，学校栄養職員，学校用務員，学校給食調理員など，それぞれが協力しあうからこそ，質の高い教育活動を行うことができるようになります。

　そのうえで，みなさんと同じ職場の教職員との良好な関係を築いておくことは，教師・子ども双方にとってとても大切です。

　平成30年度に実施した「鳥取県公立学校教員の資質向上に係る意識調査」によると，2年目の教師自身が成長につながったと思うものは，先輩との出会いです（約71％）。初任者研修や個人的な研究会などがたくさんありますが，それをふまえても約71％の教師が学校内での先輩との関わりで成長したと感じている事実があります。その71％もある居場所，つまり**職場の人間関係がよければよいほど教師の仕事に楽しく前向きに取り組むことができる**といえます。

　これから2つポイント「**のりしろを行う**」「**わからないことや疑問に思ったことをすぐ声に出すこと**」をお伝えします。

① のりしろを行う

　これは仕事のなかで，役割がはっきりと決まっていない仕事を行うことです。みなさんもプライベートや仕事のなかでも経験されたことがあるのではないでしょうか。グループで食事に行くときに食事場所の予約を行うことはのりしろを行う一例です。また，グループでの会計の取りまとめなどもあります。

　学校のなかでは，朝に自分の担任する教室だけではなく，学年の教室近くの窓を開けておく，特別時間割の日の時程表を学年の先生にもコピーをして渡しておく，学年での授業の際に，早めに授業の場所に行って，子どもたちに指導をする（できるときに）などがあります。のりしろを行うことで，教職員から信頼されるようになります。また，困ったときにも自然に助けてもらえるよう

になります。筆者の職場にも自然とのりしろを行っている教職員がいて，周り
から信頼されている様子がみられています。

② わからないことや疑問に思ったことをすぐ声に出すこと

日々のコミュニケーションを大切にするということです。日々コミュニケー
ションをとることで，**「心理的安全性」**の確保になります。そして，教職員間
の信頼関係の構築や仕事の生産性の向上につながります。

**「心理的安全性」とは，思ったことを素直に言える，チャレンジを応援する
などのそれぞれのよさを活かす環境がある**ことを表します。自分の考えを素直
に話すことが，思ったことが言いやすい環境づくりにつながります。それぞれ
の考えを伝え合えるからこそ，お互いのよさがわかり，質の高い教育活動になっ
ていくのです。さらに，考えを伝え合える組織は，組織としての満足度が高く
なります。安心して仕事をできるようになるのです。さらに，学校には学校ご
との風土があり，聞かないとわからないことが多くあります。人に聞かないで
自分で解決しようとすると時間が余計にかかってしまうことが多々あります。
まずは聞いてみて，仕事の生産性が上げていきましょう。

最後に，筆者の経験になりますが，同じ学年の教職員との信頼関係が築かれ
ていると，子どもの指導やほかの校務によって多忙感があるときも，なんとか
乗り越えることができました。逆に，信頼関係が薄いと，あまりむずかしくな
い仕事もなぜかうまくいかないことが多かったです。それは，むずかしい課題
に直面したとしても，教職員同士の関係が良好であれば乗り越えられるという
ことを示していると思います。

 POINT

〈ここでのポイントとまとめ〉
① 質の高い教育活動のために教職員間の連携が大切。
② 教職員間の信頼関係があると教師としての成長に大きく貢献する。
③ のりしろを行う・思ったことをすぐ声に出すことが信頼関係の構築につながる。

　著者の勤める横浜市立綱島東小学校の若手先生（教職１年目）の辻下拓土教諭と三輪夏々子教諭にインタビューしました。４月ごろに感じていたことや教師として働きはじめ(10カ月：インタビュー時)の自分について話してもらいました。

Q 4月（働きはじめ）のときに思っていたことは？

辻下：担任はどのようなことをするのかわかりませんでした。具体的に何を準備したらよいか，授業の準備をしなくていいのかなという気持でした。

三輪：大学時代の２年間，現在勤めている小学校でボランティアをしていました。それもあって先生方の雰囲気はわかっていた状態で４月を迎えることができました。ただ，担任をすることに対しての不安はありました。

Q 大学生から教師になってみて変化はありましたか？

辻下：社会人としての自覚をしたのが秋ぐらいです。大学で教育の学習をしていたのですが，全然通用しないことがあることに気づきました。実際に教師として働かないとわからないこともあるのだと思いました。

三輪：４月の研修が短いと感じました。１週間で子どもの前に立つことに驚きがありました。

Q 働きはじめた初日について覚えていることは？

三輪：まず先生方に机を紹介してもらいました。そして同じ学年を組む先生方と合流しました。ここでやるんだという気持ちになりました。あとは具体的には覚えていません。

辻下：席を案内されました。そして，自分を指導してくれる先生と会話したことを覚えています。さらに，自分が担任をするロッカーのシールをはりました。正直，一体何をしているのかわからないことが多くありました。不安はいっぱいあったことを覚えています。

Q 初めて子どもと会ったときはどうでしたか？

辻下：あまり緊張はしませんでした。むしろリラックスしていました。最初は自分を知ってもらおうという気持ちでいました。自分は私生活をあまり隠さないです。できることはやってしまえという気持ちで日々取り組んでいます。

三輪：校庭で集まって着任式や始業式がありました。私の名前の「みわななこ」であいうえお作文をしました。「みんなと／わらって／なかよく／なりたい／これからよろしくね」と伝えました。

Q 教師として必要なことは何だと思いますか？

辻下：自分は自分のことを不真面目だと思っています。三輪さんは真面目でいつも準備をしています。教師それぞれにそれぞれのよさがあると思います。私自身はあまりか

かえ込まず，仕事やプライベートなどの線引きができることが一番大事だと考えています。

三輪：私は考えすぎないことが大切だと思います。適当（適度）に過ごすことも必要だと思います。教師の仕事はやろうと思えばいくらでもできちゃうんです。さらに，子どもと一緒に楽しむことが大切だと思います。時間にも心にも余裕が必要です。子どもと一緒に楽しむための余裕，適当（適度）さです。心に余裕がなくなるとすべてが悪循環になってしまいます。子どもへの指導にもよくないです。もし，ずっと悪循環のままいっていたらと大変なことになっていたと思っています。年度後半になるにつれて子どもとよりよい関係を築くことができました。それは線引きをしたからだと思います。このことはここまで指導する！と考え，行動しました。大切なのは，クラス全体の子どもの心をつかんでおくことです。校長先生が言っていた母体（クラス全体）をしっかりとつくっていく指導が必要です。

Q 教師としてこれから身につけたいことは何ですか？

辻下：これは一生悩むと思っています。教材研究をつきつめると無限になってしまいます。けど，何もみなくても授業はできちゃうんです。適度に研究して授業をしていきたいです。この教科はこうするとよい授業になるのだなとわかるようになりたいです。

三輪：現在は指導書ベースで授業をしています。先輩の先生方は経験に基づいて授業を組み立てて実践しています。私も先輩の先生のように経験を生かして授業をできるようになりたいです。

Q 教師になって悩んでいること／悩んでいたことはありますか？

辻下：仕事を把握することです。現在パソコンのデスクトップのなかに付箋（付箋ソフ

ト）があります。さらに自分のデスクのなかにも付箋があります。どっちかにすればいいのですが（笑）。要領よく仕事することはむずかしいと感じています。効率が悪くても工夫をしていきたいです。

三輪：課題のある子どもの対応です。正直仕事をやめてやろうと思ったこともあります（笑）。今は楽しいです。楽しいと悩みはなくなります。

Q 自分の悩みを解決するためにどのようなことをしていますか

辻下：サウナによく行ったり大学の友だちに連絡をしたりしています。クラスで問題が起こるとイラっとすることが正直あります。自分は仕事とプライベートは完全に分けて考えることができます。退勤したらオフモードになります。帰り道まで公務員らしくしていれば，家に戻れば自由と考えています。ただ，悩むことは多いです。そして初任の悩みは多いです。そのことは次の日に改めて思い出すようにしています。

三輪：誰かと話をしています。職場の先輩や，親，同じ教師をしている友だちなどです。ため込んでため込んで全部話しています。会った瞬間に爆発させています（笑）。

Q 教師になってから自分の成長のきっかけとなった人はいますか？　その人はどのような人でしたか？

辻下：一番のきっかけは同じ学年を組んでいる学年主任の先生です。授業のことも学級運営も直接指導をうけることができています。そのおかげで最初に比べれば授業がよくなっていることを実感しています。こうしたほうがよい，ああしたほうがよいといつもアドバイスをしてくれます。

　　そして三輪さんも刺激になっています。さらに同期で同じ研修を受けている人からも刺激を受けています。

三輪：校長先生です。悩んでいたときにいろ

いろ相談させてもらっています。「クラスの母体をしっかりとつくる，子どもたちと外で遊びなさい。」など端的に教えていただけました。それを受けて，自分で考えて行動しています。

Q 自主的な研究会に所属していますか？そこでどのようなことを学びましたか？

辻下：まだまだよくわかっていません。興味がないわけではないです。自分のキャリアを見据えて，今後の見通しをもちたいと考えています。

三輪：音楽の市研（横浜市小学校音楽科研究会）に入りたい。それ以外はとくには思いつかないです。

Q 仕事以外の時間はどのように過ごしていますか？

辻下：やりたいことをとことん追求しています。サウナや靴が大好きなんです。自分の好きな分野は負けたくないと思っています。家で料理を作っています。楽しくやっています。仕事とプライベートを分けています。平日はごはんを冷凍していて，週末に好きな料理を作っています。趣味の靴は，夜遅くに店頭に行くと新しい靴がおいてあるんです。それを見るとわくわくします。

三輪：音楽です。日本のアーティストの音楽が好きで，Saucy Dog, SUPER BEAVER, Official 髭男 dism などの曲を聴いています。フェスに行ってストレス発散をしています。平野紫耀の動画を見ています。

Q 仕事以外で大切にしているコミュニティはありますか？

辻下：友だちです。とくに大学の友だちと大学時代のアルバイト先の靴屋の友だちです。友だちの大変そうな話を聞いて大丈夫だと思えています。友だちと会うと楽な気持ちになります。教師になっている友だちは，偶然みんな3年生の担任なんです。仕事の話はもちろん，大学のときはこうだったなという話をしています。そのなかでも線引きをして働くことが大切だという話が出てくるんです。あまり悩みすぎないほうがいい。心の余裕をもっておくことが大切だと思っています。

自分が線引きを考えるきっかけは，中学校2年生のときです。自分は中学校2年の途中まで優等生だったんです。昔はプロ野球選手になると考えたり，塾にいったり，進路相談を積極的にしたりしていたんです。けど中学校2年のあるときから1年間学校に行かなくなったんです。それが中学校3年のときに気持ちが吹っ切れて，どうにかなる，今更がんばってもと思うようになりました。そこからある程度で大丈夫だと。それまでは超真面目だったんです。けど結果ができないときに折れてしまった。挫折でした。本当に人生で一番つらかったです。しかし，これがあったおかげで気楽に過ごすことができるようになったんです。

三輪：友だちとボランティア（あしなが育英会）です。このコミュニティがあるからがんばろうと思えるんです。

よく一緒に飲みに行っています。先輩や後輩とも行っています。そこで思い出の話をしています。似た境遇の子たちが多いんです。ほかには家族の話，恋愛の今好きな人がいるのとかの話，最近どうなったのかとかです。

辻下：大学の友だちは同じ道（教師）をめざしていたんです。一緒に教員採用試験を受

けるライバルともなりました。勉強会をするときは模擬授業などをしていました。けど当時は遊ぶことしか考えていませんでした（笑）。

「全員が受かったらうれしい，そうしたら俺ら公務員だ‼」という気持ちもありました。大学時代のバイトメンバーは，靴が大好きで売り上げを競っていました。その関わりを通して学生から大人になることも体験できました。基本的に友だちとぶつかることはありません。

三輪：同じ教員採用試験受けた友人やボランティアとはぶつかることがあるけどそれもよいと思っています。ボランティアで高校生向けの宿泊プランを考えることがありました。その活動の班割や朝ごはんのプログラムを決めるときなどでぶつかったのですが，裏表なく付き合うことができています。

Q 現在，1年間を振り返ってみて思うことは？

辻下：今年度の目標は仕事をやめないことでした。よく働いたと思います。終わって振り返ってみれば，これからも先生をやれるのかなと思っています。今年は，結婚と車を買うことを達成したいです。

三輪：天と地をみた1年間でした。最悪の想定ができるようになりました。今は状態が上がってきています。いい意味で天と地があることを理解しました。今考えてみると終わりよければすべてよしと思っています。けど正直，また地がくるとなると怖いです。毎年どうなるかわからない。恐怖心もあります。

辻下：課題をかかえている子どもは必ずいます。解決できないときには，どうしたらよいかと思っています。どの学年になってもどんな子がくるかわからないです。

Q これから先生になるみなさんに一言

辻下：三輪さんと仕事8割でがんばろうと話

したことがあるんです。けど今は7割でいいのではと思っています。ときには10割でもいいと思うけど，限界があることを知ってほしいです。8割のクオリティが大切です。限界の6〜7割の力でやってみることが大切です。6割は手抜きかも（笑）。7割がちょうどよいです。教師になりたい人が減っています。一回なってみるのは悪くないと思います。自分は，去年は働く自信がありませんでした。大学時代のバイト先もいつでも待っているよと言ってくれていました。けど案外教師をやってみるといいです！　メディアに取り上げられないよさがあります。ニュースで教師って働きすぎといわれているんですが，意外と仕事が自由にできます。1年目から現場に立つけど，自由裁量が多いです。失敗は多いですが，すぐに挽回できるチャンスが巡ってきます。

三輪：2点あります。

①どうせやるなら楽しんでください。生きていくためには働くことが必要です。子どもと毎日顔を合わせます。やるなら楽しく接してほしいです。教員採用試験の勉強や教師として働くことも友だちと一緒に楽しんでください。

②ピンチはチャンスです。私はピンチのときチャンスだと思えませんでした。けど，あのときがあったから今があります。ピンチは忍耐力がつくチャンスです。学級経営やいろいろなことでチャンスがあります。

Q 今回話してみて

辻下：三輪さんはすばらしいと思います。今年度三輪さんの存在が大きかったです。考えを聞いてとても頼りになりました。最初の三輪さんはしんどそうでしたが，くじけませんでした。その姿を見て学ぶことができました。

三輪：何事も適度に過ごす（大事なことに集中する）ことが大切なことを実感しました。

7 ワーク・ライフ・バランス

みなさんが思い浮かべる理想の働き方はどのようなものでしょうか。仕事とプライベートの時間のどちらも充実するものがよいと思います。そのためには，ライフ・ワーク・バランスをとることが重要になります。

ここでは，ワーク（先生の仕事）を中心に取り上げます。まず，ワークが充実するためには，先生の仕事が楽しいと思うことができる条件を満たすことが大切です。そのためには，「①やらされている仕事よりも，やりたい仕事ができる環境を整える，②子どもとの関係性がよい，③メンターがいる」の3点が非常に大切だと思います。

① やらされている仕事よりも，やりたい仕事ができる裁量が多い

毎日の仕事で，**自分のやりたいことをできている感覚が非常に大切です。** ストレスを感じるのは，やりたい仕事をやっているときよりもやらされている仕事をしているときです。これは研究でも証明されています。やらされていると捉える仕事量を減らす，やりたいと思う仕事に取り組む時間を確保することが大切になります。

例えば，締め切りが迫っている仕事があるとします。そのような仕事を期限直前まで放置してしまうと，やらされている仕事になってしまう可能性があります。そうならないためにも，Googleカレンダーなどのスケジューラーを活用することで，あらかじめ予定に入れて見通しをもつ工夫ができます。さらに，チームで協力したほうが効率がよい仕事は，1人ではなく，複数人で取り組んでみるのもよいかもしれません。ここで大切なのは，**いかに自分から取り組めているか**ということです。それぞれの仕事を自分のものにする意識を高めていきましょう。

② 子どもとの関係性

これは教師として非常に大切なポイントです。毎日をともに過ごす子どもと

の関係性がよければよいほど，チャレンジしたいことが増えてくるはずです。教師も子どもの成長を実感する，子どもも毎日が充実する。この相乗効果がよりよい教育活動につながります。よい関係性とは，子どもの**機嫌**をよくすることではありません。**指導が必要なときには適切に指導する，よい行動をしているときはそれを具体的に褒めるなど，1つひとつの行動についてしっかりと伝えられる関係性を表すと考えます。教師と子どものお互いが認め合える関係性が大切になる**と思います。よい関係性のなかで教育を行えば，子どもも教師も質の高い成長を望めます。

③ メンターがいる

身近に「メンター」がいることです。そのような人がいることは非常に幸運です。メンターは，職場内にいることが理想ですが，職場外から見つけることもできます。例えば同期で楽しく働いている先生，外部の研究会で楽しい授業実践をしている先生，教育系の書籍やブログや雑誌などで情報発信している先生などです。そのような**先生（メンター）からたくさん学んでいくことで仕事が生き生きとして取り組めるはずです**（「50　近い世代の教師との関わりとメンター」を参照）。

いかがでしょうか。「やらされている仕事よりも，やりたい仕事ができる裁量が多い」「子どもとの関係性」「メンターがいる」の3点が，実現されていくと先生の仕事はもっと楽しくなり，ワーク・ライフ・バランスのワークが充実すると思います。

POINT

〈ここでのポイントとまとめ〉
① ワーク・ライフ・バランスの充実が理想。
② ワークを充実させるポイントは，「やりたい仕事ができる環境を整える，子どもとの関係性がよい，メンターがいる」の3点。

8 メンタルヘルス

　ご自身の人生で，教師として楽しく働く・プライベートを大切にしていくなどたくさんの願いがあるはずです。なかでも，**こころの健康は，よりよく生きていくなかでとても大切**です。

　令和3年度の文科省の調査[1]によると，精神疾患で休職をする教職員は，6000人近くとなり，過去最高の水準になっています。また，精神疾患で休職や休暇をとる教職員の割合は，30〜50代と比べて，**20代が最も高く**なっています。若手先生がストレスの高い状態で仕事をしていることを表しているのだと考えます。

　厚生労働省（以下，厚労省）のウェブサイト「こころの耳」[2]には，次のようにあります。

> 　20歳代前半から30歳ごろにかけて職業生活を始めます。これらの時期では，新しい職場環境に慣れ，仕事を覚え，人間関係を構築することが必要で，こうした課題に伴うストレスを自覚することが多くなります。また，仕事の適性に関する悩みが多いのもこの時期の特徴です。

　職場環境に適応しながら，仕事を覚え，子どもや教員や保護者との関係性を構築するという多岐にわたる分野でのタスクが課されているのだと思います。そのようななかでストレスをためずに，仕事やプライベートを充実させていくことが，とくに読者のみなさんの若手先生には必要になっていると思います。

　そのためにメンタルヘルスケアが重要です。メンタルヘルスとは，こころの健康づくりです。こころの健康づくりをするためのポイントとして「**①セルフケア，②学校管理職に相談する，③外部機関に相談する**」の3点を伝えます。

　① セルフケア

　これが一番実行しやすいと思います。自分でストレスを下げるための手段をとることです。

例えば，体を動かす／今の気持ちを書いてみる／腹式呼吸をくりかえす／「なりたい自分」に目を向ける／音楽を聞いたり，歌を歌う／失敗したら笑ってみるなどの方法があります。

ここで大切なのは，自分の心の状態を自分で把握できるようにすることです。○○をするとイライラする，逆に体を動かすとイライラが自然となくなっていくなど人によってそれぞれ異なります。自分でどのようなときにストレスを感じるのか，何をするとストレスを感じなくなるのかを把握することができれば，よいセルフケアができるようになるはずです。筆者自身は，自分がイライラしているなと客観的に見ることができるようになってからは，気を楽にして過ごすことができるようになりました。

また，朝起きたら日光を数分浴びる，少しウォーキングをしています。この習慣を実行するだけでセロトニン(脳内の神経伝達物質の1つ)が活性化します。セロトニンは心身をリラックスする効果があり，ストレスを下げる効果があります。少し時間の取れる人はぜひ試してみてください。

② 学校管理職（校長・教頭）に相談する

これは遠慮なく行ってもらいたいです。学校管理職には，「教職員の精神疾患の未然防止・早期発見・早期対応」の責務があります。教師が我慢を続けて改善したという例はあまり聞いたことがありません。

学校管理職が早めに知ることで早期対応することが可能になります。校内事情にもよって方法は異なりますが，校務の負担を減らす，早めに帰れる日は早く帰れるように体制を整えるなどの対応ができるようになります。困ったときにはすぐに相談してください。

③ 外部機関に相談する

外部機関には，どのようなものがあるかを紹介します。まずは，読者のみなさんが働く地方自治体のメンタルヘルスの相談窓口があります。各ウエブサイトで相談の手順が載せられていると思います。

つぎに，公立学校共済組合です。**全国の公立学校の教職員およびその家族や遺族の生活の安定と福祉の向上に寄与するとともに，公務の能率的運営に資す**

ることを目的とし設立された組合です。

　ウェブサイト（https://www.kouritu.or.jp/）や電話などを用いてこころの相談ができるようになっています。そして医療機関があります。ご自身が通える範囲内でメンタルヘルスを行う医療機関を探してみるとよいです。

　ほかにも，厚労省のウェブサイトに上述の「こころの耳」があります。そのなかには，職場のストレスチェック，疲労蓄積度セルフチェック，セルフケア，うつ病などのコンテンツがあります。

　また，電話相談，SNS 相談，メール相談などさまざまな方法の相談窓口があります。こちらを利用するのも 1 つの方法です。

　こころの健康が第一です。ぜひ心にとめておいてください。

POINT

〈ここでのポイントとまとめ〉
① メンタルヘルスは仕事やプライベートを充実させるために重要。
② メンタルヘルスのポイントは，「セルフケア，学校管理職に相談する，外部機関に相談する」の 3 点。

注
1 ）文部科学省（2022）「令和 3 年度公立学校教職員の人事行政状況調査」より引用。
2 ）厚生労働省「こころの耳」（https://kokoro.mhlw.go.jp/etc/kaiseianeihou/）より抜粋。ストレスについて，厚生労働省（2015／2021改訂）「労働安全衛生法に基づくストレスチェック制度実施マニュアル」（https://www.mhlw.go.jp/content/000533925.pdf）も参考にしてください。以下に掲載した「職業性ストレス簡易調査票」（同191頁；2023年 1 月31日最終閲覧）を利用して，ストレスチェックしてみましょう。

②職業性ストレス簡易調査票（簡略版23項目）

A. あなたの仕事についてうかがいます。最もあてはまるものに○を付けてください。

	そうだ	まあそうだ	ややちがう	ちがう
1. 非常にたくさんの仕事をしなければならない ———	1	2	3	4
2. 時間内に仕事が処理しきれない ———————	1	2	3	4
3. 一生懸命働かなければならない ———————	1	2	3	4
8. 自分のペースで仕事ができる ———————	1	2	3	4
9. 自分で仕事の順番・やり方を決めることができる —	1	2	3	4
10. 職場の仕事の方針に自分の意見を反映できる ———	1	2	3	4

B. 最近1か月間のあなたの状態についてうかがいます。最もあてはまるものに○を付けてください。

	ほとんどなかった	ときどきあった	しばしばあった	ほとんどいつもあった
7. ひどく疲れた ———————————	1	2	3	4
8. へとへとだ ———————————	1	2	3	4
9. だるい ———————————————	1	2	3	4
10. 気がはりつめている ———————	1	2	3	4
11. 不安だ ———————————————	1	2	3	4
12. 落着かない ———————————	1	2	3	4
13. ゆううつだ ———————————	1	2	3	4
14. 何をするのも面倒だ ———————	1	2	3	4
16. 気分が晴れない —————————	1	2	3	4
27. 食欲がない ———————————	1	2	3	4
29. よく眠れない —————————	1	2	3	4

C. あなたの周りの方々についてうかがいます。最もあてはまるものに○を付けてください。

	非常に	かなり	多少	全くない
次の人たちはどのくらい気軽に話ができますか？				
1. 上司 ———————————————	1	2	3	4
2. 職場の同僚 ———————————	1	2	3	4
あなたが困った時，次の人たちはどのくらい頼りになりますか？				
4. 上司 ———————————————	1	2	3	4
5. 職場の同僚 ———————————	1	2	3	4
あなたの個人的な問題を相談したら，次の人たちはどのくらいきいてくれますか？				
7. 上司 ———————————————	1	2	3	4
8. 職場の同僚 ———————————	1	2	3	4

9 教師の一日

　ここでは，一般的な小学校クラス担任先生の一日を紹介します。読んでいただき，教師の一日の見通しをもってもらえると嬉しいです。また，すでに教師をされている人は，自身の学校と比べて，違いを見つけて改善点などを考えてみるのもよいかもしれません。日課表は学校それぞれで決められているので，改善できる可能性があります。

8：15
　出勤または8：00から出勤開始の学校もあるようです。
※現実としては，出勤時間より1時間前から15分前ぐらいに出勤する先生が多いです。

8：15～
　子どもが登校しはじめます。学校によりけりですが，基本的に昇降口か教室で子どもを迎えます。

8：15～15：20
　高学年(5，6年生)は6時間授業が多いです。授業のほかに，朝の会・中休み・給食・掃除・昼休み・帰りの会などがあります。基本的に学級担任は子どもとずっと一緒に過ごすことが多いです。また，中休みや昼休みに委員会活動やクラブ活動の打ち合わせが入ることも多くあります。

15：20～16：05
　休憩時間です。45分間の休憩時間が設定されていることが多いです。ただし，完全に休憩をする人は少なく，この時間に保護者に連絡，今日あった出来事を学年で共有していることが多いです。

16：05～16：45
　学年研究会（学年の教員で来週以降の予定・遠足などの行事の役割分担・学習の進み具合・子どもたちの様子を確認する会），職員会議，出張のある研修，個人の仕事時間に充てられています。
※学校によって多少呼び方が異なります。

16：45～
　退勤時間。しかし，ほとんどの教職員は帰らず，何かしらの仕事をしていることが多いです。

このような毎日が一般的です。音楽や家庭科などを専門に行う先生（専科教員）がクラスで授業を行う間は，担任は空き時間になり，丸付けを行うなどの時間にあてています。

　みなさんはどう感じますか。思ったより時間がないと感じたかもしれません。筆者はこれまで，時間は十分にあるという感覚をもったことはほとんどないです。ただ，このようななかで時間の使い方を工夫することはとても大切だと思います。

　あらかじめ1週間の予定を立てたうえで仕事を進める，わからないことや疑問に思った仕事は先輩の先生に早めに聞いて教えてもらうなどすることで，時間が有効に使うことができると思います。悩んでいるより聞いたほうが早いことも多くありますので，遠慮なく聞いてみるとよいです。

（1）時間を有効に使っている先生の特徴
　①　見通しをもって仕事をしている
　あらかじめ，週の予定や月の予定（最もすごかった人は半年分の授業予定を立てていました）を立てたうえで仕事をしています。

　なぜ見通しをもって仕事をするとよいのかは，自分から仕事の依頼や調整を行うことができるからです。

　毎日がその日のことばかり考えて仕事をしていると，必ず仕事に抜けが出てきます。その抜けを補うために夜になっても仕事をするケースがあります。筆者も目の前のことに夢中になりすぎて，校内の業務の締め切りを忘れてしまったことがあります。

　また，ほかの教師と一緒に仕事をしているとき（職員会議の提案資料づくりや学年での仕事）は，直前になって仕事をお願いしなくてはいけない状況が出てくることがあります。自分の仕事量が把握しきれていないため，直前になって初めて自分だけでは対応できないことに気づくからです。または，対応できる量ではいないのにもかかわらず，1人でやってしまうこともあります。こうなってしまうと夜遅くまで仕事をしていたということもあり得ます。

見通しをもって仕事をしている人は，あらかじめほかの教師に仕事を割り振る，自分で早めに取りかかっておくなどの対応をしています。突然の仕事が入ったとしても，ほかの仕事の目途がついているので臨機応変に対応することができるのです。

　② 仕事とプライベートの線引きがしっかりとできている

　簡単に述べると，仕事の時間はよく集中していて，時間をみてしっかりと切り上げているということです。

　毎日の時間外労働が積み重なってくると，どうしても長時間集中することが困難になってきます。それが悪循環となり，時間が過ぎてもそのまま仕事を続けてしまう状況になってしまうのです。

　仕事とプライベートの線引きができている人は，だらだらと仕事を続けることがありません。そのため，しっかりと休息の時間をとることができます。睡眠時間やリラックスする時間を十分にとることで，物事に取り組む集中力が高まり，質の高い仕事ができるようになります。

　③ 仕事後に予定をあらかじめ入れている

　上述した①見通しをもって仕事をする，②仕事とプライベートの線引きがしっかりとできているにも関連しています。仕事後に予定を入れることで，時間を必ず意識するようになります。「18時から友人と会う約束をしているから，17時には必ず退勤する必要がある」「金曜日の夜にライブに行くから，月曜日からやらなくてはならないこと，やっておくとよいことを順番に進めておこう」などです。

　仕事とプライベートの両方を大切にする，そして仕事とプライベートを両立させるために，見通しをもった仕事を行うようにするなどの習慣が身につくと思います。プライベートでスポーツジムに通う，オンラインのコミュニティに参加する，　趣味のラーメンの食べ歩きをする，好きなアーティストのライブに行くなどしている人がたくさんいます。

　ここで紹介した取り組みは，人によって適合性に違いがあります。自分のなかでうまくいきそうな取り組みを参考にしてみてください。きっと一日を上手に過ごせるようになるはずです。

（2）教師の業務

　文科省から出されている「『学校が担うべき業務の在り方』『教職員及び専門スタッフが担うべき業務の在り方及び役割分担』に係る取組事例等」には，教員の業務について以下のように書かれています。

> 教員が行うことが期待されている本来的な業務
> ・学習指導，生徒指導，進路指導，学校行事，授業準備，教材研究，学年・学級経営，校務分掌や校内　委員会等に係る事務，教務事務（学習評価等）

　さらに，「新しい時代の教育に向けた持続可能な学校指導・運営体制の構築のための学校における働き方改革に関する総合的な方策について（中間まとめ）」のなかには，以下のように提示されています。

○ これまで学校・教師が担ってきた代表的な業務の在り方に関する考え方

基本的には学校以外が担うべき業務	学校の業務だが、必ずしも教師が担う必要のない業務	教師の業務だが、負担軽減が可能な業務
①登下校に関する対応	⑤調査・統計等への回答等（事務職員等）	⑨給食時の対応（学級担任と栄養教諭等との連携等）
②放課後から夜間などにおける見回り、児童生徒が補導された時の対応	⑥児童生徒の休み時間における対応（輪番、地域ボランティア等）	⑩授業準備（補助的業務へのサポートスタッフの参画等）
③学校徴収金の徴収・管理	⑦校内清掃（輪番、地域ボランティア等）	⑪学習評価や成績処理（補助的業務へのサポートスタッフの参画等）
④地域ボランティアとの連絡調整	⑧部活動（部活動指導員等）	⑫学校行事の準備・運営（事務職員等との連携、一部外部委託等）
※その業務の内容に応じて、地方公共団体や教育委員会、保護者、地域学校協働活動推進員や地域ボランティア等が担うべき。	※部活動の設置・運営は法令上の義務ではないが、ほとんどの中学・高校で設置。多くの教師が顧問を担わざるを得ない実態。	⑬進路指導（事務職員や外部人材との連携・協力等）
		⑭支援が必要な児童生徒・家庭への対応（専門スタッフとの連携・協力等）

　このように提示されていますが，現状としては教師が担っている部分はこれよりも多いように思います。本来の業務とは何かを意識しながら日々の仕事に取り組んでもらえるとうれしいです。

> **POINT**
> 〈ここでのポイントとまとめ〉
> ① 教員は自分の時間を有効に活用することが大切。
> ② １週間の仕事の予定を計画しておこう。
> ③ わからないことや疑問に思ったことは，まず聞いたほうがよい。
> ④ プライベートの予定を立てたうえで仕事に取り組むとよい。

教師のプライベート

　ここでは，ワーク・ライフ・バランス（7を参照）の**ライフ**についてお伝え します。内閣府によると，仕事と生活の調和の定義のなかで，健康で豊かな生 活のための時間が確保できる社会を「**働く人々の健康が保持され，家族・友人 などとの充実した時間，自己啓発や地域活動への参加のための時間などを持て る豊かな生活ができる**」と説明されています[1]。プライベートが充実すること で豊かな生活を送ることができるのだと考えます。

　では，プライベートを充実するためできることは何でしょうか。筆者は，以 下に示す「**①旅行，②人と交流する，③学ぶ**」の３点が大切だと思います。

　① 旅行

　これは本当におすすめです。教員は，夏休みや冬休みに比較的長い期間休み を取れるという利点があるので，その時期を活用できます。

　泊まるところはどこにするか，どのような方法で旅行先まで行くのか，旅行 先でどのようなことをするのかなどを自分で決める必要があります。そして， 現地に行ったとしてもある程度自分でスケジュールを調整します。このような 体験が記憶に残り人生に充実感を与えてくれるのだと思います。

　貴重な体験は若い時期から多く経験するほうがよいです。それがチャレンジ する精神につながるからです。文科省の調査[2]によると，体験活動を数多く経 験している子どもは，主体性が高いことがわかっています。旅行などの貴重な 体験をするチャンスがあるならば，やってみることをおすすめします。

　② 人と交流する

　これは同じ教員との交流も含みますが，仕事が終わったあとや週末に違う職 種の人と交流することをおすすめします。

　自分と同世代の人たちが，どのような日常を過ごしているのか，仕事のやりがい や悩みなどを聞くと，自分の悩みを客観的に見ることができるようになります。

いつもと違う刺激を得ることで，自分もがんばってみようと元気づけられます。

　教員は学校から出て仕事をすることが非常に少ないので，違う職種の人と接することが物事を広い視野でみるために重要な点になります。

　③ 学ぶ

　学ぶにはさまざまな方法があります。オンラインセミナーに参加する，対面式の研修に参加する（後ほど12で詳述），本を読むなどがあります。ここでは，とくに本を読む（読書）をおすすめします。

　読書のよさは，作者の名前や出版社が明示されているので信頼できる情報を手に入れやすいということです。そして，知りたいことについて詳しく書かれているので単なる個別の知識というより，読んでいる人の知性につながる可能性が高くなるからです。そして，1000～2000円程度というコストパフォーマンスのよさもあります。オンラインセミナーに参加する，講演会に参加するとなると高いものでは，1万円を超えるものもあります。本は，作者の講演を聞くことと同じ効果があると思います。そのように考えると非常に割安に感じると思います。ライフネット生命保険創業者の出口治朗さんもたくさんのアウトプットを出すためには「人・本・旅」が大切であることを述べています。

　いかがでしょうか。決して3点すべてを今すぐ実行すべきということではありません。**自身の生活を振り返ってみて，実行できそうなことをまずやってみることが大切です。**ぜひ試してもらえると嬉しいです。

POINT

　〈ここでのポイントとまとめ〉
　① 人生を充実させるためにワークに加えてライフも大切。
　② ライフを充実させるためのポイントは，旅行，人と交流する，学ぶ。
　③ 全て実行するのではなく，自分の生活を振り返り，できることをしてみる。

注
1）内閣府「『仕事と生活の調和』推進サイト」https://wwwa.cao.go.jp/wlb/towa/index.html。
2）文部科学省（2016）『文部科学白書』「子供たちの未来を育む豊かな体験活動の充実」による。

インタビュー Ⅱ　若手先生たちのワーク・ライフ・バランス

　ここでは，４年間の経験を積んだ若手先生の武田ありさ教諭（横浜市立茅ケ崎小学校）にインタビューをしました（教職４年目：インタビュー時）。初任のときに思っていたことや，先生になって大切にしていること，休みの日のライフスタイルなどインタビュー形式で載せています。読者の皆さんにとって，同世代の先生，先輩の先生になるかもしれません。その先生たちの働き方やプライベートの過ごし方を知ることを通して，ご自身のワーク・ライフ・バランスを考えていただければうれしいです。

Q 初任のときに思っていたことは何ですか？

武田：大学を卒業した３月末を振り返って思うことは，「本当に何にも知らなかった」ということです。当時，今の自分にできることを考え，学級経営の本を読んだり，学校ボランティアで子どもの様子を見たりしていました。せめて，現場のなんとなくの様子は把握していかなければならないと思っていたからです。

　４月，初日は誰に話しかければいいのか，誰と関わればよいのかまったくわかりませんでした。先生方の早い動きに圧倒され，何か聞くのも失礼かなと感じていました。どこに立って，どこに座ればいいのかもわかりませんでした…。正直，先が不安で仕方ありませんでしたよ。そんな私の姿を笑いながら学年主任の先生がいじってくれたことを今でも覚えています（笑）。子どもに会うまでの期間は，悩んでいてもしょうがないので，学年の先生に何をすればいいのかわからないことは勇気をもって聞いていました。そして子どもに会うときは「クラスに来て安心するような声かけが大切だよ」と言ってもらえたことを覚えています。

そのときのお話から学級はどういうところか４月の学級開きで必ず話すようにしています。私は次の４つのことを伝えています。

1	安心できるところ
2	間違えるところ
3	挑戦するところ
4	学ぶところ

Q 初めて子どもと会った日のことは覚えていますか？

武田：初任は４年生の担任でした。初めましての子どもたちが「若い先生だ！」と喜んで迎えてくれたことを覚えています。たくさん話しかけてくれる様子から，子どもたちのほうが私を迎え入れてくれていることを実感できました。

Q 教師として大切（必要）なことは何ですか？

武田：１つは，いろんな子どもがいることを認めることです。

　日々，さまざまなトラブルがありますが，子どもたちの行動の意味を理解するようにしています。子どもたちの行動の背景には，担任が見える範囲だけでなくいろんな要素

が関係していると思います。教師が決めつけないで，まずは1つひとつ認めてあげて，学校や教室がみんなの居場所になるようにすることが大切です。また，目の前の子どもたちがこの先どんな時代に生きるのかを視野に入れて指導することも大切です。私は10年後を想像しながら指導しています。例えば5年生，社会「情報」の単元では，たくさんの情報に囲まれる社会で生き抜くために必要な力が身につくよい機会だと捉えています。どの単元も，活動も，10年後，その先何かしらの形でつながる必要な力だと信じて指導しています。

　もう1つは，バランサーとして仕事をこなしていくことです。

　自分の得意なところはどんどん生かす。苦手なところはほかの先生を見て学びながら，一緒に仕事をさせてもらう。また，学年のメンバーを見て，自分の役割を把握します。状況を見て引いたり，前に出たりして，学年のバランスをとることが1年間チームとして過ごすコツだと思っています。

Q 教師としてこれから身につけたいことは何ですか？

武田：学校内外の算数研究，校内の運営，3年目辺りから校務分掌で主任を任せていただけることが増えてきました。これからは，得意不得意に関わらず，それぞれの分野でリーダーシップを発揮しなければなりません。

　私にとって2年目までは，授業のノウハウをいただけた期間でした。自分の授業スタイルを少しずつ獲得し，重点研究を通して教科を学ぶことができました。最近は，徐々に先輩の先生方の仕事に目を向けることができるようになってきました。ほかの先生の仕事を分担して，学校，子どもたちの力になりたいです。失敗できるのは今だけだと思っています。若いうちにできることをどんどん挑戦して，これからの自分の進路を見つけていきたいです。

Q 教師になって悩んでいること／悩んでいたことは何ですか？

武田：子どもについてです。不登校になってしまった原因を考え，自分にできること，学校ができることを常に考え，悩むことがありました。最初は自分のせいかも…と苦しくなることもありました。安心できる教室にしてあげられなかったのではないかと。今でも悩みますが，きっと1番悩んでいるのは子どもだし，正解がすぐに出るようなものでもないということを学びました。

　1・2年目は，子どもの行動ばっかりに目が行っていましたね。子どもを理解することは，目に見えるものだけでないと肝に銘じています。働き方の面では，帰る時間が遅かったです。9時から10時。初めての授業研前は日付越えていることもありました…。でも今は遅くても7時に帰るように意識しています。時間と質のバランスをうまくとれるように考えています。

Q なぜ早く帰ることができるようになったのですか？

武田：手の抜きどころを覚えました。今までは，子どものノートに毎回コメント入れなきゃ嫌だと思っていました。ですが，返却する時に1人ひとりに言葉でよいところを伝えるようにしたり，見るポイントを絞ったりすることでノートの見方や，自分の「や

らなきゃ」を変えていくことができました。また，成績を単元の最後につけるのではなく，授業中にABCをつけるようにしました。つけた成績を毎週水曜日にまとめて転記する時間にしています。見通しをもって仕事を進めることも大切です。これらを意識して働くことで，少しずつ早く帰れるようになり睡眠時間が増えて健康的になりました。学校に来たらあっという間に時間が過ぎ去るようになり，楽しく働けています。

Q 自分の悩みを解決するためにどのようなことをしていますか？

武田：普段から，保護者，先生・養護教諭・スクールカウンセラー（SC）などと連携しています。学級外の様子を把握するようにしていました。

Q 教師になってから自分の成長のきっかけとなった人はいますか？　またその人はどのような人なのですか？

武田：5年間でいろいろな先生を見てきました。そのなかでも初任のときの学年主任。主任のようになれるわけではないけれど，当時の学年主任が大事にしていることを私も大事にしています。

Q 成長のきっかけは何ですか？

武田：授業研です。年2回という限られた機会ですが，学びを得ることができます。そして授業研を重ねるごとにステップアップできました。カリキュラムマネジメントなどの文部科学省が出ている文言と子どもの姿を照らし合わせて子どもを見つめることができました。今では自分の授業スタイルを確立しています。

Q 授業のスタイルとは何ですか？

武田：子ども同士で学びを広げたり，深めたりする授業です。教師はファシリテーターとして，話しすぎない，出すぎないように

意識しています。

今年初めて理科を教えました。この1年間で理科という教科が少しずつわかってきました。仮説を実証するための実験内容を子どもが考え，実験に必要なものも子どもに考えさせるようにしています。「やりたい！」という気持ちを大切にしていますし，何よりそこで得た力が，考察の表現力に結びついてきます。子どもたちで学んでいく，そんな授業スタイルを常に意識しています。

Q 自主的な研究会に所属していましたか／またはしていますか？　そこでどのようなことを学びましたか？

武田：現在は算数の研究会に入っています。算数はどの学年においても主要教科です。まだ算数を深く知らないため研究会で勉強しています。そこで，子どもの「問いを見いだす力」を育てることを研究会で学びました。今では，「なんで？」「ほんとにそれでいいの？」と疑って確かめようとする姿が子どもたちにみられるようになってきました。

Q 仕事以外の時間はどのように過ごしていますか？

武田：
・春から秋はキャンプ。焚き火を眺めることが好き。
・冬は同期とスノーボード。
・大学のときから海外旅行に行っていた。
・東南アジアが好き（1年目，ベトナムに行った）。
・カラオケで熱唱。
・ヨガで瞑想。
・サウナで汗をかく。
・音楽（フェス，ライブで飛び跳ねる）。
　OnとOffの切り替えはしっかりしたいタイプなので，遊ぶときは全力で遊びます。

Q リフレッシュのおすすめは何ですか？

武田：
・自然や人と触れ合うこと！　旅先の人や文化などと関わりに行くと新しい発見があります。
・キャンプ！　同期などの友だちと焚き火を囲んで話します。テントを立てることは協力的にしなければならないので仲も深まりますよ。ほかにも「この人はペグを打つのがうまいなぁ…」と新たな一面を見られるかもしれません（笑）。
・仕事も遊びも全力でが私のモットーです。
・行きたいところ，やりたいことは積極的に叶えます。家にいると仕事のことを考えてしまうので（笑）。

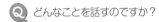 仕事以外で大切にしているコミュニティはありますか？

武田：
・職場の同期，世代の近い同僚。
・家族，彼。
・大学の友だち。
・地元の友だち。

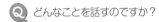 どんなことを話すのですか？

武田：
・高校の友だち⇒仕事以外の話をしています。
・大学の友だち⇒私の自治体はこういうスタイルだよと情報交換しています。
・家族⇒悩みをたくさん聞いてもらっています。
・彼⇒職場，仕事でのおもしろ話をします。
　　プライベートでは，仕事についてあまり考えていないかもしれません…。それは，あえて考えないように予定を詰めていることもあります。土日に楽しみをつくってリフレッシュします。

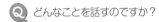 現在，教師生活を振り返ってみると？

武田：先生の仕事は，やりがいがあって楽しいです。自分が力を入れたぶん，子どもに還ります。成果が目に見えて実感できるのは，自分の授業改善にもつなげやすいです。しかし，先生によってこれまで学んできた量や経験，大事にしたいことが異なります。したがって教師が学んでいなければ，子どもに還す学びも少なくなるということだと思っています。だからといって私は，失敗は恐れないタイプなので，学んだこと，新しいやり方にどんどん挑戦していきます。失敗できるのは今しかないと思って試すぶん，めざす教師像に近道していけるのではないかと考えています。

また，その過程でどんなに苦しいことがあっても，学生時代の部活以上に辛かったことはないなあと（笑）。私は，仕事でわからないことがあるほうが辛いです。失敗しないとわからないのでとりあえずやります。結果失敗だっただけで，私が「やりたい」と思ったことをやっています。だからその後，正解に近いものを自分なりに見つけることができるのです。

ここに至るまで，悔しい思いもたくさんしましたが，当時の自分によく乗り越えたと伝えてあげたいです。

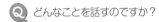 これから先生になるみなさんに一言

武田：教師になると自分が育ちます。苦しいこともあるけれど，子どもと関わっていくと自分が磨かれていきます。子どもと自分が一緒に成長できる。これから先生になる人にその楽しさを伝えたいです。

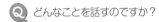 2・3年後のビジョンはありますか？

武田：何かの教科をつきつめたいです。校内にその学びを還元していくことができるように，学校の中心として研究を推進していきたいです。

11 学校教育目標とは

　みなさんの学校の学校教育目標はどのようなものでしょうか。また，これから教師となるみなさんは自分の通っていた学校の学校教育目標を覚えていますか。

　学校の教育活動は，学校教育目標の達成を目的にして行われています。つまり，学校教育目標を意識して，子どもを支援することがとても大切になるということです。

　筆者が勤務している学校（以下，本校）の学校教育目標を例にして考えてみます。本校の学校教育目標は，「豊かな心で　かかわりあい　えがおかがやく　東の子」です。さらに，学校教育目標を達成するために大切にしていることが5点あります。

○ 自分の考えをもち，粘り強く問題解決に向かっていくようにします。
○ 互いの良さを認め合いながら，共に成長していくようにします。
○ 心と体を健やかに育み，たくましく生きるようにします。
○ 地域の人やものを大切にし，共に生きるようにします。
○ 広い視野に立って考え，行動できるようにします。

　どの学校でも目標達成のために大切にしていることを掲げているはずです。しかし，**ここで終わるのは，たいへんもったいないことです**。次にできることがあるのです。それは，**大切にしていることから，自分（教師）に何ができるのかと考えて行動すること**です。

　例えば，1番目の目標「自分の考えをもち，粘り強く問題解決に向かっていくようにします」によって，粘り強く問題解決に向かうために，**子どもが見通しをもった学習展開になるよう授業内容を工夫する**ことができます。本校では，国語の研究をしているのですが，子どもたちが見通しをもつことができるように学習の計画を掲示したり子どもと一緒に考えたりする工夫をしています。

　4番目の目標「地域の人やものを大切にし，共に生きるようにします」によっ

て，地域の人から学ぶ活動を展開することで，地域と子どもがつながるようになります。

　本校では，地域にある農家の人とつながっています。農家の育てたニンジンを収穫する体験を低学年が行っています。また，収穫したトウモロコシの皮むき体験も低学年が行っています。さらに，収穫した枝付き枝豆のさやをとる活動を中学年が行っています。収穫したニンジンやトウモロコシや枝豆を学校給食で提供しています。

　さらに，畑を実際に見学したり農作物の育て方の工夫を聞いたりする学習を３年生が行っています。そして，学校栄養職員が，頻繁に農家の人に取材に出かけて，作り方の工夫や農作物のおいしさのポイントを教えてもらって給食の際に校内放送を活用して子どもたちに伝えています。

　学校教育目標の達成につながっているかどうかという視点をもって行動することが，学校の教育活動の質が上がることにつながります。学習の際に，教師が教えるだけになるのではなく，子どもたちの考えを引き出すことを意識して授業を行う。○○さんと○○さんが学び合う機会を敢えて設定することで，お互いを認め合うことができるようにする。

　このように，教師が意識したことを少しずつ実践すると，子どもたちのよい成長につながるはずです。ぜひ学校教育目標の具体の姿を，イメージして実行してもらえると嬉しいです。

POINT
〈ここでのポイントとまとめ〉
① 学校の教育活動は，学校教育目標に基づいて行われている。
② 学校教育目標を，教師それぞれが具体のイメージをする。
③ 学校教育目標を達成するために，できることを普段の活動に少しずつでも取り入れていこう。

12 研修を上手に活用する

> さまざまな種類の研修があることを知ろう

「研究と修養」を合わせて**研修**です。教育基本法第九条には，次のように書かれています。

> 　法律に定める学校の教員は，自己の崇高な使命を深く自覚し，絶えず研究と修養に励み，その職責の遂行に努めなければならない。

ただし，研修といってもさまざまな種類の研修があることを知っておくとよいです。それをいかに効果的に活用し，学んでいくかが教師の成長と直結しているといえます。

大きく分けて，①**教育委員会が主催する研修**，②**各地方にある研究会が行っている研修**，③**研究校が実施している研究会**，④**オンラインを活用した私的な研修**の4種類があります。以下に，それぞれ説明していきましょう。

① 教育委員会が主催する研修

各教育員会がさまざまな研修を企画・運営しています。初めて教師となる人は，法律で定められた初任者研修（各教育委員会によって内容は多少異なります）があります。さらに，中堅教員を対象とした法律で定められた研修もあります。ほかにも教育委員会によって，ICT活用能力を高める研修，授業力向上のための研修，ファシリテーション能力を向上するための研修などがあります。

法律で決まった研修は必ず受講する必要があります。ほかの研修は各教育委員会によって異なりますが，じつは自分で選択できる研修もあります。この任意の研修を自分の高めたい能力に応じて学ぶとよいです。勤務時間のなかで自分にとって有益な学びを選べることがよさであるといえます。勤務としてみなされる研修は，校長の許可が必要なので，必ず管理職の承諾を得てから参加するようにしてください。

② 各地方にある研究会が行っている研修

　各都道府県および政令市の自治体で研究会が発足されています。読者のみなさんが働いている地域でもさまざまな研究会があるはずです。その研究会に所属して，研修会に出ることも1つの手段です。筆者は，横浜市小学校社会科研究会に10年以上所属していますが，現在それが貴重な財産となっています。理由は，同じ思いをもつ人とつながれた・仕事の幅が広がった・物事の見方や考え方が広がったからです。

　筆者が教師になったのは，大量採用時代の初期のころでした。そのなかでも同じ教科を研究するすばらしい同期の先生たちに出会えました。同期の先生たちが実践提案するのを見て，自分も研究をしていきたいという気持ちをもつことができました。また同期だからこそ，同じような悩みをもち，それを定期的に共有できたこともよかったです。

　つぎに，仕事の幅が広がったことです。研究会で実践を重ねると，その研究会の運営を任されるようになります。運営とは，実践をする先生のフォローをする役割です。実践とは違う視点で教科を見ることができるようになります。また所属する自治体の教育委員会からも声がかかり，教育委員会に関わる仕事もできるようになることもあります。

　最後に，物事の見方や考え方が広がったことです。同じ単元の学習でも，授業者によって捉え方が異なることに気づきました。つまり，授業者の視点によって学習の展開が大きく変わるということです。授業者が狭い視野で授業を行っていたら，子どもの学びは深まらないと思います。広い視野で学習を見つめるきっかけをもらいました。

③ 研究校が実施している研究会

　各地域に学校全体で特定の分野（国語・社会などの教科研究や主体性などのテーマにしていることもある）の研究をしている学校（研究指定校）があります。そのような学校が授業と授業後の研究会を実施しています。新型コロナウイルス感染症の蔓延のため，ここ数年は減少していましたが，また再開している学校が増えています。この研修のよさは，授業を見ることで，子どもの表情や教師

の手立てを考えることができることです。「百聞は一見に如かず」と言いますが，まさにそのとおりです。さらに授業後に一緒に成果と課題の分析をできることがよさです。ここでは，普段自分が授業をするときとは違う視点で子どもの表情をみることができます。「いつもの授業だと，自分の発問に対して○○と反応するかな」「次にこう授業が流れていくかな」と仮説を立てながら子どもの反応を見ていきます。

　教師として授業参観をする立場になると，子どもの表情やつぶやきに神経を注ぐことができます。参観者は授業を組み立てる必要がないので，1人ひとりの子どもが何を感じ取って，いま何をしたいと考えているのかをみとりやすいのです。だからこそ，「○○さんの発言やつぶやきから授業のよい展開を生み出せたのでは」「あのときの教師の発問を○○すれば展開が変わったのでは」というポイントに気づけるのです。

　マイクロソフト社を創業したビル・ゲイツは以前，社会活動で教師が授業の映像記録をとり，それを見返すことの必要性を話していました。まさに，授業を子どもの目線で見ることの重要性を説いていると考えられます。

　つぎに，教師の手立てです。最近の教育では，教師はファシリテーターの役割を担うことが強く求められています。その役割とは，授業の目的を達成するために必要な手立てを講じて子どもたちが自然と学習をまとめていくことだと思います。教師と子どもの関わりのなかでこのような手立てを学ぶことができます。

　最後に，成果と課題の分析です。授業のあとは，その授業に関する協議会を行います。学校の研究テーマに沿って，参観者と授業者と講師が気づいたことを交流します。これが非常におもしろくて，同じテーマでも人によってみる視点が異なるのです。その視点を交流することで，多面的に授業の構造が見えてきます。それが授業改善につながるのです。

　④　オンラインを活用した私的な研修

　ここ数年で大きく発展した研修です。研修会の主催者は，教育系の企業・教育本の出版社・教師など多岐にわたっています。

各教科の授業方法・教員の働き方・金融教育・各教育委員会をまとめる教育長の講演会など，教育に関わるさまざまな分野を取り上げてくれています。有料と無料の研修会があります。自分の学びたいことを考え，選択していくことが大切です。当然ですが，有益な研修とリスクのある研修会があることも事実です。情報収集をしっかりと行い参加するようにしてください。筆者は主にSNS（Facebook）を活用した研修会に参加しています。

　オンライン研修会とほかの研修の違いは，いつでもどこでも参加できることです。対面型の研修会の場合は直接会場まで行く必要がありますが，オンラインでしたらネットワーク環境とパソコンやタブレットやスマートフォンのいずれかがあれば参加することができます。非常に手軽に参加できる仕組みが整っています。

　さらに，対面式だと会うことが困難だった人と簡単につながることができるようになります。つまり，全国的にすぐれた実践をしている教師とオンラインで出会うことができるのです。さらに，全国にいる同じ世代の教師ともつながれるので，それぞれの仕事の情報共有ができます。

　4種類の研修を紹介しました。それぞれの研修の強みがあります。それぞれを効果的に活用して，教師としての力を高めていってほしいです。

POINT

〈ここでのポイントとまとめ〉
① 研修は教師の力を高めていくために大切。
② 研修には，大きく分けて「教育委員会が主催する研修，各地方にある研究会が行っている研修，研究校が実施している研究会，オンラインを活用した私的な研修」の4種類がある。それぞれの強みを理解したうえで効果的に学んでいこう。

授業とは

　授業は子どもの学校生活の根幹です。学校生活の大半が授業です。授業が楽しいと子どもたちは生き生きします。逆に授業がつまらないとトラブルも増えていきます。教師としての技量が試される大きな部分です。

　授業とは，子どもがもとからもっている力や新しく身につけてほしい力を高めるものだと思います（学習指導要領をもとに行いますが，地域や子どもたちの実態によって内容が多少変わります）。

　ここでは，そのために大切にしたいことを1点お伝えします。それは，「**子どもたちのゴールの姿を想定して授業をすること**」です。

　授業をする際には，必ず教師のめあてがあります。それを，**本時目標**といいます。本時目標で多くある形式は，「○○ということについて，○○をすることを通して，○○できるようにする」です。ここに書かれている○○の中身が**大切です**。

　小学校社会科の6年生の学習で考えてみましょう。江戸幕府の単元です。本時目標は，「参勤交代について，複数の資料をもとに話し合うことを通して，江戸幕府が世の中を安定させようとしていたことについて表現できるようにする」と設定します。

　子どもたちのゴールの姿が，この本時目標に集約されているのです。この学習をしたことで，子どもが，幕府が世の中を安定させようとしていたことを考えられた状態にしたいのです。

　では，この状態にするためにはどうしたらよいのでしょうか。そのポイントは話し合うことです。本時目標では，「複数の資料をもとに話し合う」とあります。この複数の資料を教師が具体的にイメージする必要があるのです。

　参勤交代の資料には，親藩・譜代・外様大名の配置図があります。江戸幕府の信頼度が下がる大名ほど江戸から遠い場所に配置されています。そこから参

勤交代をするので，当然ながら費用は，江戸から近い大名よりもかかることがわかります。さらに，参勤交代は大名の妻子が江戸に住む仕組みもあります。大名が反乱をしたとしても，妻子が江戸にいるので，人質の役割を果たしています。このような参勤交代のルールについての資料をもとに話し合うことで，反乱を起こさせない＝世の中を安定させようとしていたと考えることができます。いっぽうで，参勤交代を楽しむ大名もいたとの資料もあります。楽しむことで反乱自体を防ぐ役目を果たしていたとみることもできます。

　このように本時目標を教師が考える➡子どもたちのゴールの姿を想定する➡本時で必要なものを考えることで，授業の質が上がるはずです。

　筆者は授業の基本的な形は，個人から始まり，集団を通して考え，最終的に個人の学びになることだと考えています。

　教師は，子どもたち1人ひとりが問題意識をもつことできるようにする（個人から始まる）。次にその問題意識を学級全体で伝えあう（集団を通して問題を考える）。その過程を経て，最終的な自分の学びをまとめる（個人の学びする）。

　以上の流れをコーディネートすることが大切だと思います。

POINT

　〈ここでのポイントとまとめ〉
① 授業は子どもの学校生活の根幹。教師としての技量が試される大きな部分。
② 子どもたちのゴールの姿を想定して授業をすることが大切。
③ 本時目標を教師が考える➡子どもたちのゴールの姿を想定する➡本時で必要なものを考えることで，授業の質が向上する。
④ 授業の基本的な形は，個人から始まり，集団を通して考え，最終的に個人の学びになること。まずはこの形を意識してみよう。

資質・能力とは

（1）資質・能力とは何か

　毎日のように耳にする「資質能力」という言葉。それはどんな意味で，いつ注目されてきた言葉なのでしょうか。

　学習指導要領（平成29年告示）解説では，子どもに関する育成する力や評価の仕方が大きく変わりました。「知識・技能」「思考力，判断力，表現力等」「学びに向かう力，人間性等」からなる3つの資質能力です。

　さて，ここで出てきた「資質・能力」とは，英語で訳すとコンピテンシーです。それは「有能さ」という意味をもちます。人は，知識があっても使いこなさければ意味をもたない，そして，自分なりに解決しようとする力が求められているのが，今の教育現場です。子どもたちが学校に学んだことを，生活に生かし，将来的に社会に出るような立場になって「何ができるようになっているのか」を強調しているのが，資質・能力の特徴ともいえるでしょう。

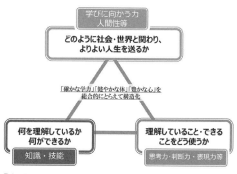

「育成すべき資質・能力の三つの柱」（文部科学省）

（2）急激に変化する時代のなかで育むべき資質・能力

　社会のあり方が劇的に変わる「Society 5.0時代」の到来，つまり「予測困難な時代」がやってきています。この不確実な時代でも粘り強く繰り返し乗り越えようとすることができる子どもを育てていく，それが「令和の日本型学校教育」の実現です。そのなかで，「個別最適な学び」「協働的な学び」が大切である文部科学省はいっています。

（3）一斉授業のように教え込む教育はもう遅れている

　さて，子ども1人ひとりの資質・能力を育むためには，「個別最適した学び」をしていかなければいけないといわれています。「個別最適の学び」とは，「個に応じた指導」（指導の個別化と学習の個性化）を学習者の視点から整理した概念です。もっと砕いていうと個別の指導をより一層重視しましょうということです。そのように考えるならば，今の一斉教育型（全員が同じ黒板方向を向き，授業を受けている）は遅れているのではないでしょうか。子どもは生活経験が全員違います。家庭環境や幼稚園・保育園での遊びにそれぞれ異なっています。ですので，「全員一緒がすばらしい」という考え方を一回捨てて，子ども1人ひとりに特化した学習のあり方を考えていく必要があります。

（4）個別最適な学びを孤立させない

　「個別最適な学び」と並ぶ言葉に「協働的な学び」があります。「協働的な学び」とは，「探究的な学習や体験活動等を通じ，子ども同士で，あるいは多様な他者と協働しながら，他者を価値ある存在として尊重し，さまざまな社会的な変化を乗り越え，持続可能な社会の創り手となることができるよう，必要な資質・能力を育成する学び」といわれています。

　「さあ，みんなでやりましょう」と教師が言うのではなく，思わず子どもが友だちと関わりたくなるような授業ストーリーを考えていかなければなりません。

POINT

〈ここでのポイントとまとめ〉
① 資質・能力は，「有能さ」という意味をもつ言葉である。
② 個別最適な学び・協働的な学びが資質・能力の育成につながる。

15 授業準備の仕方

> 目の前の子どもを想像して授業を準備しよう

（1）子どもは常に学びたがっている

　日本の国語教師，大村はま先生の名言にこんな言葉があります。

> 　「研究」をしない先生は，「先生」ではないと思います。…中略…なぜ，研究しない先生は「先生」と思わないかと申しますと，子どもというのは，「身の程知らずに伸びたい人」のことだと思うからです。いくつであっても，伸びたくて伸びたくて…，学力もなくて，頭も悪くてという人も伸びたいという精神においてはみな同じだと思うんです。一歩でも前進したくてたまらないんです。そして，力をつけたくて，希望に燃えている，その塊が子どもなんです。

　子どもは常に学びたがっている存在であり，「できる！　わかる！」を実感したいという思いを潜在的にもっています。この思いを引き出してあげるためにも，**授業準備は必要不可欠なの**です。毎日，毎時間は正直厳しいことが現実です。ですが，ここでは授業準

備の型を覚え，「**授業が楽しい！　また明日も学校に行きたい！**」という思いをもつ子どもを育てていきましょう。

（2）授業準備の仕方

　① ねらいの確認をする

　「単元のねらい」「本時のねらい」の確認は基本ですので，何を捉えさせるのか教師が理解します。

　② 授業の流れを考える

　低学年ですと，45分を15分で分けた３つの構成も考えられます。導入➡展開

➡総括の流れが基本的です。

③ 授業準備をする

発問や補助発問，活動内容を吟味します。これらが①で述べたねらいとマッチしているのか比べましょう。筆者も初任者時代に，「ねらいと活動がずれている」と先輩の先生から言われてきました。よさそうな活動であっても目標に沿っていなければ意味がありません。

④ 教材準備をする

ここで示す教材準備とは，学習プリントや掲示する資料などです。提示する資料１枚であっても，ねらいに到達するのかしっかり見極めます。この見極めにおいて最初はむずかしいと思いますので，ぜひ，先輩の先生に相談してください。

（3）初任者時代は指導書どおりの授業をめざすこと

教師には，指導書があります。いわゆる「赤本」ともいわれ，**単元のねらいや本時のねらい，授業の展開，発問がすべて記載されています**。初任者時代には，学年主任の先生にこんなことを言われました。**「まずは，指導書をよく読んでみて。その指導書どおりの授業ができるようになってきたら，オリジナリティあふれる授業にチャレンジしてみようね」**。この言葉は今でも覚えています。その結果，まず指導書を読むようにして授業に臨みました。

ただ，**指導書のよさとむずかしさが存在しています**。よさとは，ねらいが学習指導要領に沿ったものですので，決してずれることがないということです。ここでいうむずかしさは，目の前の子どもを前提に書かれていないということです。一般的な発問であったり，展開であったり。ぜひ，目の前の子どもと一緒に授業をつくっていきますので，「こう発問したら，こんな反応があるだろうなあ…」と想像してみてください。指導書と自分のオリジナル発問をミックスさせた授業を計画してみましょう。**100点の授業は決してありません**。失敗も付き物ですので，日々研鑽で臨んでみましょう。

（4）授業の実際―こんなとき，どうする？

ケースⅠ　一部の子どもしか発言しない…

　よく授業を見ていると，同じ子ばかり発言していることはありませんか。なかなかほかの子どもの発言を聞くことができないことは，教師にとって焦ったり，「なぜ，少しの人しか発言しないのだろう」と悩んだりすることでしょう。このようなケースの場合は，次の解決策が考えられます。

　① 考える時間を確保する

　手を挙げる人が少数であったら，すぐ指名しないようにします。すぐに指名してしまうと，子どもたちは考える時間がなくなってしまうのです。子どもたちに発問したときに，挙手が少しの人だけであったら，一回手を下げさせて，「少し考えてみようか」と言って，考える時間をとってあげることが大切です。

　② 発問をわかりやすい言葉に言い換える

　子どもたちは，一生懸命先生の発問を聞こうとしています。いっぽう，こちらの発問がうまく伝わってないときには，反応が薄くなってしまうのです。うまく伝わっていないときは，「**ちょっと違う言い方で聞いてみるよ**」と言い方を変えてみてください。子どもたちに発問が伝わり挙手の数が多くなるはずです。

　③ ペア・グループトークを入れる

　職員会議で大人数の前で発表することは，大人でも緊張しませんか。子どもも同じ思いをもっているはずですし，なかなかむずかしいと思います。その解決策として，**ペアやグループで話す機会を全員につくる**ことがあげられます。隣の人と話させることは，全員の前で話させることよりも，一気に  ハードルが下がると考えます。**平等に自分の意見をアウトプットする機会を設け，受容してもらう経験が大切です。**

　授業を進めていると，退屈そうな子どもの姿を見ることがありませんか。子どもたちには，得手・不得手がありますので，どうしても学習意欲が低いときがあると思います。そんなときの解決策の例を示します。

① 座って聞くという固定概念を捨てる

「授業はずっと座っていなければならない」という概念を捨ててみましょう。小学校の授業は講義ではありませんので，スタンドミーティングのような自分の席から立って友だちの意見を聞く時間を意図的に設けてみてください。

② ICT 機器を効果的に活用する

　子どもは ICT 機器を活用して，学習することが好きです。とくに，低学年の子どもたちはタブレットを持った時点でわくわくしています。この写真は，「学校の中で□を探してみよう」という算数の活動です。算数が嫌いな子どもでも，「探したい！」とどんどん活動にのめりこんでいきます。ICT 機器を使うことを目的にするのではなく，あくまで活用する気持ちで学習活動に取り入れてみてください。

③ 「考えたい！」と思う問題と出会う

　簡単すぎたり，むずかしすぎたりする問題は解きたいと思いません。ちょうどよい難易度であったり，概念が崩れるような問題に出会ったりすることが大切です。授業準備における学習問題は，子どもたちと一緒に考えていきましょう。

POINT

〈ここでのポイントとまとめ〉
① 授業準備の仕方を理解しよう。
② 指導書を読んで，何を捉えさせるのか理解しよう。

16 授業のルール

> 授業スタイルは十人十色，たくさん観察しよう

（1）授業のルールで学びを保障する

みなさんの学級では，授業のルールを決め
ていますか。いわゆる**学習規律**といわれるも
のです。**発言のルール，聞くときのルール，
挙手のルールなど多岐にわたって存在しま
す。**そして授業者によってルールが変わる光
景をたくさん見てきました。学習規律がある
ことは，**全員の学びを保障するものですので，
おおいに賛成です。**低学年のときには，話を
聞くときと話すときの区分けがわからない子
どもがいます。「ここは話を聞くときです」
と耳のマークを示して話を聞かせるようにす
ることは有効性を高めます。話を聞かず，ずっ
と友だちと話をしているなど，**提示した学習
規律に合わない行動を子どもがとったとき，
やり直しをするなどして，そのままにしない
ことが大切です。**

■**学習の流れ**

① 自分チャレンジタイム（自力解決の時間）

② 友だちチャレンジタイム（友だちと取り組む課題解決の時間）

③ ２組チャレンジタイム（学級での共有の時間）

■**ハンドサイン挙手**

じゃんけんのグー・チョキ・パーで意味合いをもたせる挙手の仕方。

「グー：違う意見」「チョキ：付けたし」「パー：同じ意見」など

（2）教師が授業のルールに縛られすぎると，子どもを見られなくなる

　ルールに縛られると，子どもの姿が見られなくなってしまう危険性があります。「授業中は，こうであるべきだ！」という思考は，目の前の子どもを見る障壁になってしまうのです。「**はじめに子どもありき（平野朝久）**」という言葉もありますように，子どもの姿をまず大切にしてください。

（3）授業のルールを一方的につくらない

　授業とは，教師だけでつくるものではないということを前提に考えていきます。子どもがいるからこそ，授業が成立していきます。「騒がしくなっちゃうから…」「授業があまり進まないから…」と決めつけて，**授業のルールを一方的に押しつけてしまうことはやめましょう。**ルールをつくられてしまうことで，子どもが主役ではなくなってしまうのです。子どもを主役にするためには，一緒にルールを考えていくスタイルもよいでしょう。

T：「みんなは発言するとき，立って話す？　座って話す？　どうしようか？」
C：「座って話すことのもいいと思うよ。すぐ伝えられるし」
C：「立って話すと，誰が話しているかわかるよ」
C：「どっちもよさがあるね，前で話したいときもある」
C：「黒板を使って話したいときもあるよ」

　小学校1年生ですが，発言の仕方だけでも，想像力豊かな話し合いができます。教員が「全員が立って，椅子を机の中にしまってから，『話していいですか』と言ってから発言します」というのは簡単です。ですが，**子どもが学習者であることを意識して，子どもと一緒にルールをつくっていくことはいかがで**しょうか。子どもも真剣に考えるはずです。

POINT
　〈ここでのポイントとまとめ〉
　① 学習規律をつくることで，誰もが同じ学びを保障できる。
　② ルールの強制は子どもの主体性を奪ってしまうので，ともに考えていく。

17 めあてを立てる

（1）「めあて」とは何か

　教師になってから，「めあてを大切にしましょう」と言われることが多いと思います。そもそも「めあて」とはどんな言葉なのでしょうか。辞書では，「目当てとはねらい。目的。よりどころ。目標とするもの」などの解説が出てきます。小学校では，具体的につけたい力を身につけさせるための活動のゴールの姿として，「めあて」を位置づけています。またゴールまでの道筋であることも場合によってはありえます。さて，なぜ「めあて」が大切なのでしょうか。

（2）「めあて」によって，授業のゴールが決まる

　前述したとおり，「めあて」はつけたい力を身につけさせるための活動のゴールの姿となると述べさせてもらいました。このよさは，子どもの学習への見通しをもつという点でも，「めあて」は大切になってくるのです。

　例えば，1年生生活科「自分がニコニコするときってどんなときなのかかんがえてみよう」と「めあて」を設定したとき，子どもは「ぼくはどんなときに笑っているのかな」と必然性をもちながら，学習活動に取り組みます。「めあて」がなかった場合，子どもは「今日は何をするのかわからないな」と不安になったり，何の学習をしているのか理解できなかったりします。そして，教師も身につけさせたい力がずれてしまうため，指示が多くなりがちです。「めあて」を立てることによって，教師も子どもも1時間の授業でめざす姿がはっきりするのです。

（3）単元のストーリーから「めあて」を立てる

　「めあて」の立て方においても，工夫1つで子どもの学習態度が変わってき

ます。それは，「子どもたちが本当にやりたい学習活動なのか」「めあてから，学習が楽しそうで期待感を抱けるのか」ということです。先生が「今日はこれをやります」と「めあて」を出してしまうと，子どもは，受け身になってしまい，「学習をやりたい！」という気持ちにはなりません。ですので，前の時間にどんなことをやったのか想起させながら，つながりのある単元学習をデザインしていきましょう。

（4）未知と既知のズレからめあてを立てる

　「めあて」の立て方にも，もう1つ方法があります。それは，「できることと，できないことを明確したうえでめあてを立てる」という方法です。例えば，1年生算数「繰り上がりの足し算」で問題提示したあと，「前の時間と比べて，むずかしくなったり，違うところはあったりしますか」と発問をしてみます。すると，子どもたちは「10より大きくなってるよ」とつぶやきます。そんなとき，ある子どもが「今日のめあては，10より大きい足し算の仕方を考えようでいいんじゃないかな」と発言します。今まで習っていたことを思い出しながら，これはまだ計算の仕方を知らないという事実に出会ったとき，未知と既知のズレが生じます。このズレから，「めあて」を立てる方法もあります。

（5）「めあて」を立てることが目的ではない

　「めあて」を立てることは，あくまで手段の1つにすぎません。子どもたちが自ら学習内容を選択しながら，単元目標に近づこうとするあるいは到達させようとするツールです。「子どもが主役」であり，「めあて」は，「子どもの立場である言葉」ということを念頭において，授業デザインをしていきましょう。

POINT

〈ここでのポイントとまとめ〉
①「めあて」は，授業のゴールの姿を示す子ども主体の言葉である。
②「めあて」によって，教師も子どもも学習の見通しをもつことができる。

18 板書はわかりやすく

（1）板書の役割とは

　板書の役割とは，一体何でしょうか。みなさんだったら何と答えますか。一概にはいえませんが，筆者は板書の役割は2つあると考えます。それは，①子どもたちの思考の整理をすること，②1時間の学習の流れに沿って，記録として残すことです。子どもたちの思考を整理するとは，ある発言を注目できるようにすることで，学習問題を考えやすくします。学習の流れに沿って，記録を残すこととは，誰が見てもどんな学習をしたのかわかりやすくまとめていくということです。最初のうちは，板書を書くことだけで精一杯になってしまうことと思います。ですが，**板書は手段であること**を意識しつつ，書けば書くほど慣れていきますので焦らず取り組んでいきましょう。

（2）文字の大きさや量を工夫しよう

　学年に応じて，黒板に書く文字の大きさや量を工夫する必要があります。1年生でしたら，手の平くらいの大きさを1文字として書きます。学年が上がるにつれて大きさがだんだんと小さくなっていき，書く量もだんだんと多くなっていきます。子どもの言葉をすべて書いていくと時間がかかり，書ききれません。この問題を解決するために，**キーワード化や端的な言葉に言い換えて書く**ことが大切となります。

（3）黒板のルールを決めよう

　「めあて−展開−まとめ」というような板書のスタイルをつくってみましょう。そうすることで，子どもたちも学び方を理解し，安心して学習に臨むことができます。また，使用する色についても工夫してもよいでしょう。「黄色のチョークで書くときは，赤鉛筆で書いてね」と最初にルールを決めておくこと

で，ノート指導に関する質問を最小限で抑えることができます。色の囲み線で示すという点も工夫の1つです。

（4）図や表，絵や写真を効果的に使おう

　黒板が言葉だけになるとどうしても学習への意欲が下がってしまいます。そこで，**子どもたちを引きつけるような図や表，絵や写真などの視覚的資料を用意しましょう**。1枚の写真を見せて貼ってあげるだけで子どもたちの授業への集中力は，ぐっと高まります。ただし，ここで注意しなければならないのは，**「後ろの席の子どもにも，しっかりと見えているのか」**という点です。筆者が初任時代にも，よく言われていました。どんなにいい資料であっても，その紙が見えていなければ，意味がないということです。誰もが同じように見ることができる板書の工夫が必要です。

（5）ICT機器と併用しよう

　「ここは注目させたい！　でも，資料が小さいなあ」という悩みを解決する

には，ICT機器の活用が効果的です。子どもが持ってきた資料を見せるとき，電子黒板に映すことをしています。

（6）板書の実際

　ここでは，板書の仕方・つくり方について実際に示しながら説明します。

　① 思考ツール（シンキングツール）の活用

　みなさんは，思考ツール（関西大学教授・黒上晴夫）という言葉を聞いたことがありますか。この思考ツールとは，シンキングツールともいいます。これはアイデアを可視化して考えを生み出したり，共有して協働的に考えたりすることを助けるツールです。黒板のみならずワークシートでも活用できます。

　このように，Yチャートやイメージマップを活用して可視化します。ほかにも，X・Wチャート，ベン図，フィッシュボーン，マトリックス，クラゲチャート，キャンディチャート，バタフライチャートなどさまざまな形があります。

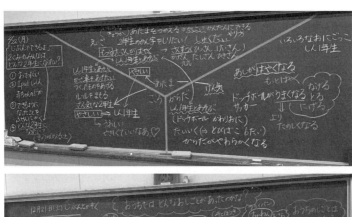

思考ツールを使った板書　Yチャート（上）とイメージマップ（下）

② 名札マグネットの活用

　子どもの名前を書いたマグネットを使った板書方法です。意見の横に名前マグネットを貼って，**誰がどの意見を考えているのか見える**ようにします。黒板を見ることで，「○○さんと同じで，～」と友だちの意見を意識した発言を引き出すことができます。

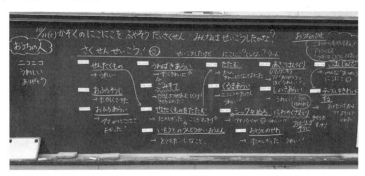

③ 子どもと板書をつくる

　子どもが黒板を使って説明したり，操作的な活動に取り組めたりするようにします。先生だけでつくる黒板もよいと思いますが，**授業は子どもと一緒につくるもの**です。何より，黒板の前で話したり，具体物を操作したりすることは子どもの意欲を高めることにつながります。

POINT

〈ここでのポイントとまとめ〉
① 板書は子どもの思考を整理する手段である。
② 資料提示やICT機器の効果的な併用で，授業への意欲がぐっと高まる。

19 発問の仕方

（1）指導書を読もう

　1時間の授業を構成していくうえで，大切な要素の1つとして「発問」があります。発問をすることで，子どもの思考は変わります。そして，発問が授業の目標達成につながっていきます。筆者は初任のころ，その発問を組み立てていくために，指導書をよく読んでいました。**指導書には，その教科を専門とした先生たちの教材分析が書かれています。**合わせて教材分析文を読み，どのように発問していけばよいのか考えていきました。授業のスタイルは1つではありません。指導書を読み，教材をしっかりと理解したうえで，発問を組み立てていきましょう。

　① オープンクエッション

　発言者が自由に答えられる質問のことです。「はい」や「いいえ」の選択肢ではなく，「なぜそう思ったのですか」「どのように考えることができますか」など聞くことによって，幅広い発言が返ってきます。創造的な考え方を引き出すことに対してメリットがあるといえます。むずかしい点としては，発言のハードルが上がってしまうことで，発言者が限られてしまうことがあります。

　② クローズド・クエッション

　「はい」や「いいえ」の選択肢で答えられる質問のことです。「この話の登場人物は子どもですか」「昨日の天気は雨でしたか」など聞くことによって，発言のハードルが下がり，誰もが答えることができます。いっぽうで，発言内容が絞られているため，創造的な答えが引き出しきれないという点がむずかしいと考えます。

（2）発問の実際

　ここでは社会科の学習の発問を例にして，いくつか紹介していきます。

① 絞る発問―いつ・どこで・誰が・何を

「鎌倉時代の有名な武将は誰だろうか」「私たちが住む町には,いくつスーパーマーケットがあるのだろう」など,子どもたちに注目してほしいときに使います。意図的に考えさせるようにすることによって,広げる発問へつなげていきます。

② 広げる発問―どのように

「豊臣秀吉はどのように天下統一を成し遂げていったのだろうか」「私たちの出すゴミは,ゴミ収集車によってどのように回収されていくのだろうか」など,単元の導入・まとめで発問する場合が多いです。今までの学習をまとめたり,単元のゴールを見通したりする発問です。さまざまな見方考え方が働く発問といえます。

③ 深めていく発問―なぜ

「なぜ,聖武天皇はわざわざ大仏を造ったのだろうか」「なぜ,時期をずらして大根の種を植えているのだろうか」など,単元の導入や中盤・まとめなど多くの場面で発問できます。理由に迫ることによって,今までの知識を活用して学習問題を解決していきます。また,単元の第1時のような導入時にも,「なぜ○○時代はこんなに変わってしまったんだろうか」と子どもたちに火がつくようなスタート発問でも活用できます。

（3）授業記録やビデオで発問に迫る

上記では,「どんな発問があるのか」について記述しました。ここからは,発問に迫る授業記録・映像について述べていきます。

① 授業記録をとってみよう

次ページにある記録は実際に筆者がとっている授業記録です。時間,教師の発問や指示（T）,子どもの反応や発言（C）として書いています。**授業記録をとることで,授業を俯瞰して見ることができます。**メリットとして,子どもが何を言いたいのか聞く力が伸びる,教師の発問と子どもの反応を分析できる,タイムマネジメントについて理解が深められるなどあげられます。授業記録を

©横浜駅の1日の乗降者数は平均230万人。新宿、渋谷、池袋、梅田に次ぐ世界で5位だよ。
◎そのこと知らなかった。
©横浜に住んでいる人が多いから、電車をいっぱい使っている人が多いんだよ。

14:00　Ⓣお店について調べてきた人、いるのかな？

©駅の構内のお店を調べたんだけど、お店は7店ありました。
©私も似ていて、買い物をする人が多いんだと思います。
◎あるー！(多数)
©横浜駅には観光スポットが多くあり、デパートがあり、何よりも便利だからです。

Ⓣ実際に行ったことあるのかな？

(便利とは？)

インタビューによる情報　具体的に

©調べたことじゃないんだけど、羽田空港が近いからって奥のママが言ってたんだけど、横浜から電車一本で行ける。だからここよりは近い。ママ情報。

14:03　ⓉTさんどうかな？(意図的指名)
©お店やビルも多いよ。

[Tさんの資料を自分で配布]

表としてまとめている

©これくれるの？
©(Tさん)えっと、お店の数とか建物の数を比べるために持ってきました。デパートがたくさんあって、例えば、7店。センター南は、3店。横浜駅の方が多いので、使う人が多いと思います。

Ⓣこの資料を見て、気付いたことがありますか。

©お店も建物も多いー！
©センター南より横浜駅の方が大きいと思います。

規模の大きさ

Ⓣこの資料はまた使えそうだね。→(うん)

©他の考えなんですけど、横浜駅には港があります。いろいろな国から物を買ったりするとき、港から出入りします。例えばセンター南から、東京へ行く時、1本でいけないので、乗り換えをします。

港、輸出入の観点

残すことは，慣れることが一番です。たくさんの授業を見させてもらって，授業記録を取ることに挑戦してみてください。学ぶことが多くあるはずです。

② 自分の授業をビデオで撮ってみよう

　自分の授業を見ることはちょっと恥ずかしいですが，ここにおいてもビデオで分析するよさが多く存在しています。**ビデオを撮ることによって，自分の口癖や黒板前の動きを発見する**ことができます。「ここは，自分が話過ぎたなあ」「黒板に字を書くことに必死で，子どもの言葉とズレているなあ」と自己分析できるのです。今では，音声を文字起こししてくれるアプリもありますので，ぜひ活用してみてください。

POINT

〈ここでのポイントとまとめ〉
① 発問を考えるために，指導書で教材分析文をよく読もう。
② 発問の種類を理解して，精選された発問を心がけよう。

20　学習指導案の書き方

> 学習指導案は質の高い授業のための手段

　みなさんも学習指導案を書いたことがあると思います。そのなかで，若手先生がよく悩んでいるところについてお伝えします。

　まず学習指導案は長ければよいというものではありません。授業のために必要な内容が入っていればよいです（学校内で書式が決まっているときは，その書式に合わせて作成してください）。**単元名・単元目標・評価規準・児童の実態・単元計画・本時について**(本時目標，本時の評価も含む)の項目は入れましょう。

　意識しておきたいことは，子どものゴール（到達してほしい姿）をイメージして作成することです。この姿がぶれないことで，軸のある学習指導案を作成することができます。

　作成する際に，いくつか注意点があります。まずは児童の実態です。児童の実態は，その学習に関連する子どもの姿を具体的に記述するようにしてください。例えば，小学校社会科の学習指導案の児童の実態でしたら，今までの社会科の学習で何をどのように学んできたのか，さらにそれに対して子どもたちは主体的に取り組んでいるのか，または取り組み方に課題があるのかなどを記述するとよいです。さらにこの単元では，どのようなことを身につけさせたいのかも記述するとよいです。

　つぎに，本時についてです。本時目標を立てるときは必ず，自分の学級の子どもたちのゴールの姿をイメージしてください。そうすることで，より具体化された本時目標を立てることができます。ここが曖昧になってしまうと，本時で行う指導や支援もぼんやりとしてしまう可能性が高くなります。

　ここで学習指導案の例を次ページに提示します。学習指導案を作成するときは，学習指導要領を一読してみるとよいです。ただし，学習指導要領から学習指導案を作成することはハードルが非常に高いのです。それを解消する手立てとしては国立教育政策研究所のウェブサイトを見るとよいです。国立教育政策

○学年○組　国語科学習指導案（例）

令和○年○月○日（○）第○校時
○年○組　○名
指導者　○○　○○

1　単元名　　＊「○○をしよう」など、どのような資質・能力を育成するために、どのような言
　　　　　　　　語活動を行うのかが児童に分かるように工夫している。

　教材名　○○○○（作者・筆者、出版社名等）

2　単元設定の理由
（1）児童について
　　　＊次のような観点から実態をとらえる
　　　　①同系統の前単元ではどのような能力の育成をねらって、どのような言語活動を行ったか。
　　　　②その学習において、児童はどのような言語能力を身に付けているか。
　　　　③まだ身に付いていない言語能力はどのようなものか・・・単元の目標とずれないように

（2）単元構成について
　　　＊（1）「児童について」の記述をふまえて、
　　　　①本単元ではどのような言語能力を育成するのか。
　　　　②その能力を育てるために、どのような教材や言語活動を組み合わせて単元を構成するの
　　　　かが概観できるように記述する。

（3）指導について
　　　＊（1）「児童について」（2）「単元構成について」の記述をふまえて、
　　　　グループ学習やペア学習などの指導形態や、ワークシートや学習の手引きの工夫、自己評
　　　　価・相互評価の工夫など、具体的な指導上の工夫点を記述する。

3　単元の目標
　　　＊以下の3点について単元の目標を設定する（＊教師の立場で書く。）
　　　　①「知識及び技能」の目標　　　　　→①②については、基本的に指導事項の文末
　　　　②「思考力、判断力、表現力等」の目標　　を「～できるようにする。」として示す。
　　　　③「学びに向かう力、人間性等」の目標
　　　　　→③については、本単元においても当該学年の学年の目標である「言葉がもつ価
　　　　　値～思いや考えを伝え合おうとする」までを示し、文末を「伝え合おうとするように
　　　　　する。」として記述する。（ただし、「読書」に関する部分については、学習活動
　　　　　により適切に設定すること）

4　本単元における言語活動
　　　例　夏休みの思い出を報告する。（関連：〔思考力、判断力、表現力等〕A（2）ア ）

5　単元の評価規準
　　　＊観点別に記述する。観点は以下の通り。

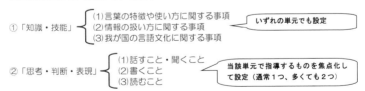

　　①「知識・技能」　　{ (1)言葉の特徴や使い方に関する事項　　　　| いずれの単元でも設定 |
　　　　　　　　　　　　 (2)情報の扱い方に関する事項
　　　　　　　　　　　　 (3)我が国の言語文化に関する事項

　　②「思考・判断・表現」　{ (1)話すこと・聞くこと　　| 当該単元で指導するものを焦点化し |
　　　　　　　　　　　　　　 (2)書くこと　　　　　　　　| て設定（通常1つ、多くても2つ） |
　　　　　　　　　　　　　　 (3)読むこと

　　③「主体的に学習に取り組む態度」　| いずれの単元でも設定 |

知識・技能	思考・判断・表現	主体的に学習に取り組む態度
＊当該単元で育成を目指す資質・能力に該当する〔知識及び技能〕の指導事項の文末を「〜している」として作成する。 ＊育成したい資質・能力に照らして指導事項の一部を用いて作成することもある。	＊当該単元で育成を目指す資質・能力に該当する〔思考力、判断力、表現力等〕の指導事項の冒頭に、指導する一領域を「（領域名）において、」と明記し、文末を「〜している」として作成する。 ＊育成したい資質・能力に照らして、指導事項の一部を用いて作成することもある。	＊以下の①から④の内容を全て含め、単元の目標や学習内容等に応じて、その組合せを工夫することが考えられる。なお〈　〉内の言葉は、当該内容の学習状況を例示したものであり、これ以外も想定される。 ①粘り強さ〈積極的に、進んで、粘り強く　等〉 ②自らの学習の調整〈学習の見通しをもって、学習課題に沿って、いままでの学習を生かして　等〉 ③他の2観点において重点とする内容（特に、粘り強さを発揮して欲しい内容） ④当該単元の具体的な言語活動（自らの学習の調整が必要となる具体的な言語活動）

6 指導と評価の計画（全〇時間）

時	主な学習活動	指導上の留意点	評価規準・評価方法(例)
1	＊（例）単元の目標を達成するために必要な学習活動ではあるが、単元の目標には直結しない学習活動を設定	＊この例の場合、本時では児童の学習状況を捉えるための評価及びそれに基づいた指導は行うが、単元の目標に直結する学習活動を設定していないことから、本単元の評価には含めない。	
2 ・ 3 ・ 4	＊（例）単元の目標達成に直結する学習活動を設定	＊評価規準とあわせ、「おおむね満足できる状況（B）」とする児童の状況（姿）を想定しておくことが大切。	[知・技①] <u>カード</u> ・事物を表す言葉、経験したことを表す言葉、色や形を表す言葉の文意に沿った活用状況の確認 [思・判・表①] <u>ワークシート①</u> ・カードの並び順とその順序にした理由の確認 [主①] <u>観察・ワークシート②</u> ・他者との交流を通して並び順を見直している様子の確認・分析
5 ・ 6 ・ 7			[思・判・表②] <u>ワークシート③</u> ・記述の確認

7 本時の指導（ / ）
（1） 本時のねらい
＊指導者の立場で書く。
（2） 本時の評価規準
＊本時のねらいと対応させる。
＊単元の評価規準をもとに、本時で「おおむね満足できる状況（Ｂ）」とする児童の状況
（姿）を想定して設定する。

（3）展開（〇分）

時間	学習活動	指導上の留意点	評 価
1		〇	・
		本時のめあてや学習課題、主発問等を書く	
	＊児童の立場で書く ＊「学習の見通しをもつ活動」「振り返り（まとめ）の活動」は必ず位置付ける。	＊指導者の立場で書く。 ＊学習活動と対応させて、支援の意図・重点・手立てなどについて留意すべきことを具体的に書く。 ＊「Ｃ 努力を要する状況」と判断される児童への手立てを具体的に書く。	＊評価場面と方法を明らかにする。

出所：大分県教育委員会ウェブサイトより引用

　研究所では，評価規準の例を各教科作成しています。そこに当たることで最新の評価や授業方法について学ぶことができます。

　さらに，校内の重点研究ならば，過去の学習指導案が校内にあるはずです。まずはそこに当たってみて，学習指導案を作成してみるとよいです。ただし，すべてそのまま行うだけではなく，自分のやってみたいことを少しずつ入れていけばよいです。その積み重ねがあることで，教師自身の強みと子どもの実態をふまえた授業ができるようになると思います。ぜひ，挑戦してみてください。

POINT
〈ここでのポイントとまとめ〉
① 学習指導案は，授業に必要なことを書く。
② 学習指導案を作成する際は，学習指導要領や国立教育政策研究所のウェブサイト，校内の研究の積み重ねを参照しよう。

第2章　授業をどのように準備して行うのか　71

21 重点研究〈校内研究〉とは

自分の資質・能力を伸ばす格好の機会

　読者のみなさんの学校でも，重点研究（校内研究）を行っていると思います。では，重点研究とは何なのでしょうか。そして何のために行っているのでしょうか。

　重点研究は，校内の教職員が協力して学び，授業力や指導力などの教師力を高めていくものです。重点研究をすることでどのような効果があるのか以下の4点を伝えます。

> ① 教職員のチームワーク力が向上する。
> ② 子どもの実態の分析を行うことができる。
> ③ どのような授業をしたいのかを考えることができる。
> ④ 実践者1人の振り返りだけではなく，全体で振り返りを行うことで，授業に対するさまざまな視点に気づくことができる。

　研究授業を行うためには，学習指導案検討を教師間で行います。学習指導案検討では，教材・指導方法・子どもの実態などを関連づけて話し合い，最適な授業案を考えます。

　教師は，学習指導案検討を行うことを通して，授業のつくり方を学ぶことができるのです。さらに研究授業には，講師（指導主事や校長など）からの指導があります。講師は，授業研究（授業研）を行う分野のスペシャリストといえる存在です。授業実践後，講師からの指導を受けることで，新しい授業観をもつことができるようになります。

　このように，重点研究は自分自身を成長させることにつなげられます。さらに，子どもも成長させることのできるよい機会だといえます。

　研究をする際に意識しておきたいことがあります。ベターを**追究する**ということです。これは「ベストではなく，ベターにしたい」ということです。ベストになるとそれ以上のものはないとなり，思考が生まれないと思うからです。子どもへの指導や支援方法はたくさんあるので，どれがベストかは，はっきり

と言えません。また，ベターですと，よりよいものはどれか考える視点が生まれます。これを重点研究では継続していきたいです。

　子どもは大人が思う以上に日々変わります。そのなかでずっと同じ支援方法が適切であることはあり得ないと思います。だからこそ，その子にとってベターな指導や支援方法は何かを追究していく姿勢を大切にしたいと思います。

　筆者の初任校の校長先生は，　Ａという手立てをとって効果がなかったなら，次の日はＢの手立てを考えよう。Ｂの手立てで効果が生まれたら，少し改良してＢプラスの手立てをとろうとおっしゃっていました。そのとおりだと思います。

　重点研究では，子どもたちの理想の姿をイメージして手立てを考えます。しかし，決してここで終わりだなと思うことはないです。常によりよい姿（ベター）をめざすからこそ，研究が深まっていきます。この視点を大切にしてもらいたいです。

　筆者自身も，校内で研究推進委員長や研究主任として仕事をしていました。その経験のなかで，教師としての資質・能力が向上している人には特徴があると思いました。これは決して量（時間をかける）ではないです。

　その特徴は，「**自分の学級の子どもの実態をよく考えている／授業の最後の子どもの姿を具体的にイメージしている／ほかの教師の意見を聞いて自分なりに解釈をして改善を加えている（すべてを鵜呑みにしているわけではない）／こうしてみたい，やってみたいという思いをもって研究をしている**」です。ぜひ，自分でやってみたいという思いを大切にして取り組んでください。

〈ここでのポイントとまとめ〉
① 重点研究（校内研究）は，教師としての資質・能力を伸ばす格好のチャンス。
② 自分の思いと子どもの実態やほかの教師の考えをふまえたうえで研究に取り組もう。

22 専科教員について

専科になった場合と専科への関わり方

　専科教員は，特定の教科をさまざまなクラスで担当する教師のことです。音楽や家庭科や体育などの技能系の科目で専科が授業を行うことが多いですが，最近は理科などの教科でも専科を取り入れている学校が増えているようです。

　ここでは，読者のみなさんが専科教員になる場合と学級担任として専科教員と関わる場合それぞれのポイントをお伝えします。

① 自分が専科教員になる場合

　1つ目として，進度が同じように授業をすることが大切です。授業内の進め方や声がけなどの支援方法は学級の実態によって多少変わることは問題ありません。しかし，授業の進度を調整することは必要です。理由は，教材の準備が同じようにできるからです。毎日少しずつ授業進度がずれてしまうと，そのつど教材を用意する必要が出てきます。そのぶんだけ，教師が教材を準備する時間や子どもが活動に取り組む時間が減ってしまいます。このような事態を防ぐ効果があります。

　2つ目として，子どもの様子を学級担任に伝えることも重要な役割となります。子どもは学級担任に見せる姿と専科教員に見せる姿が異なることがあります。さらに，専科教員は，ほかのクラスの子どもと比較してそのクラスのよさや課題を分析することができる強みをもっています。授業の様子から気づいたことを遠慮することなく，学級担任に伝えほしいです。そうすることで，子どもたちの指導や支援につながるからです。

　3つ目として，その様子を管理職や児童指導の担当職員に伝えておくこともできます。管理職や児童指導の担当職員が知ることで，専科教員や学級担任にとどまらずにチームで指導・支援に当たることができるようになります。

　学級担任は毎日クラスの子どもと接しているぶん，子どもの様子のみとりがどうしても主観的になってしまう傾向があります。専科教員は，比較的客観的

に子どもの様子をみとることができるはずです。その強みを生かしてほしいです。

　また専科教員は，普段の給食の時間は職員室で過ごすことが多いです。給食が食べ終わったあとに，専科教員同士でクラスの情報共有を行うことも大切です。専科教員のつながりが強くなることが子どもへのよい指導や支援につながることが多いからです。

② 学級担任として専科教員と関わる場合

　学級担任として専科教員と関わる際に意識したほうがよいことは，専科教員の授業時間の確保に努めること，少しだけでも授業の様子を見に行く，クラスの情報を聞きに行くことです。

　小学校でしたら1コマが45分（40分の学校もあります）です。その流れを，専科教員はとくに強く意識して行うことが多いです。専科教員の授業の前に教室移動するなどの時間がありますが，10分間遅れて授業を開始したということがないよう配慮することが大切になります。

　また，専科教員の授業を見ることで客観的に子どもの様子をみとることができます。専科教員の指導方法から適切な指導や支援につなげることができると思います。

　そして，専科教員からクラスの情報を聞くことが大切です。専科教員がクラスの子どもたちの様子をどう捉えているのを聞くことで，今後の学級経営につなげることができるはずです。ぜひ専科教員と連携することを意識してみてください。

　最近は学年内で教科担任制を取り入れている学校が急速に増えています。教科担任になった際も同じように，クラスの様子を積極的に情報共有してください。それが最終的には，子どもへのよりよい指導や支援につながります。

POINT

〈ここでのポイントとまとめ〉
① 自分が専科教員になったときは，授業の進度やクラスの子どもの様子についての情報共有を意識してみよう。
② 自分が学級担任になったときは，専科教員の授業時間の確保に努めること，子どもの様子について積極的に聞いてみよう。

23　子どもへの指示の出し方

（1）先生は話しすぎてしまう

　筆者は初任のころ，4年生の国語の学習で覚えていることがあります。より
よく音読をさせるために，どのように読んだらよいのか説明していました。そ
んなとき，こんなことを初任者指導の先生から言われたことがあります。「先
生は，子どもが言いたいことを先生が全部言って説明しているよ。子どもは早
く音読したいって思っているのに，ずっと指示と説明が混じった話をしている。
もっと短くていいよ」と。自分では，話さないようにしているつもりであって
も，第三者から見ると話しすぎてしまっている。これはどんな先生でもあり得
ると思います。なぜなら，子どもに失敗させたくない，もっと説明をしてわか
りやすく活動させてあげたいという思いが生まれるからです。じつは，それは
かえって蛇足に過ぎず，子どもは「早く活動したいなあ，先生の説明が終わら
ないかな」「もうわかったから大丈夫だよ」と思っているのです。**説明：活動
＝1：9くらいの気持ちで**，子どもの活動時間をもっと増やしてあげると学び
の質が高まっていくでしょう。

（2）指示はシャープに的確に

　図工の時間に次の指示を出すとき，どちらがよいでしょうか。

> Ⓐ：筆箱を出して，画用紙に名前を書いて，そして，クレヨンを机の上に用意しておいて，
> 片づけは絵を出して，そのあとクレヨンをしまいます。今日の絵のテーマは，わたし
> の好きな物で，そういえば，前図工でやった好きな絵や場所のことも入れてもいいし，
> 入れなくてもいいです。
> Ⓑ：筆箱を出します。鉛筆で画用紙の右下に名前を書きます。名前を書き終わったらクレ
> ヨンを用意しましょう。全員がクレヨンの準備ができたら，今日の絵のテーマを伝え
> ます。…今日のテーマは「私の好きな物」です。好きな物であれば前回の学習を生か
> しても構いません。できあがったら，絵を教卓へ出します。そのあとクレヨンを元の
> 場所に片づけましょう。

このように，Ａは長文で何を言いたいのか，何が大切なのかわかりません。いっぽうで，Ｂは短い言葉で伝えています。伝わらないからこそ，言い換えてしまうことで，ニュアンスが変化してしまいます。混乱も招いてしまうことも避けられません。**低学年においては，長い言葉を覚えているのには限界があります。**Ｂのようにシャープに的確に指示を出してあげましょう。

（3）指示は時系列で数字を使う

図工の例をもう一度見てみます。Ａの指示では，片づけと準備を混在しながら伝えてしまっています。指示の出し方のコツとして，**時系列に伝えてあげることが大切です。**また，低学年では，**活動の見通しについて数字を使って黒板に書いてあげましょう。**迷うことなく，ストレスを感じずに活動できるテンポのよさは，子どもの意欲を高めてくれます。時系列と数字は，指示のときの必須ツールです。

（4）最後に質問する時間を設ける

活動が始まってすぐに，「先生，これってどうするんですか」「先生，これを終わった人は次に何をするんですか」のように，**質問の嵐が来ないようにするために，質問に答える時間を設けます。**「ここまで説明してきたけど，これから行う活動で聞いておきたいことはあるかな」と聞くと，子どもは反応してくれます。このとき，**全員が聞くように指導します。**「さっき言ったよ」ということを防ぐためです。

「たかが指示1つですが，されど指示1つ」です。子どもの十分な活動時間を確保することも教師の役割です。自身が活動の見通しを一度整理しておくことで指示の精度は上がっていくのです。

POINT

〈ここでのポイントとまとめ〉
① 説明：活動＝1：9。話しすぎないことを意識しよう。
② 指示はシャープに時系列で伝えていこう。

24 朝の会・帰りの会の仕方

（1）なぜ「朝の会・帰りの会」するのか

　子どもたちが登校してきて，まず「朝の会」があります。また，6時間目が終わったら，『帰りの会』があると思います。この「朝の会・帰りの会」は，どの公立学校においても取り組まれていることでしょう。それでは，なぜ「朝の会・帰りの会」を行うのでしょうか。

　それは，「子どもたちの学校生活を気持ちよく始めること」「一日の見通しをもつこと」「子どもの体調を見ること」があげられます。「帰りの会」では，「**一日を気持ちよく終え，『また明日も学校に行きたいな』という思いを子どもがもてること**」が考えられます。そんな思いがもてるような先生の話も大切でしょう。

（2）朝の会・帰りの会は「時間を短く，端的に」

　朝の会や帰りの会の司会は，日直が日替わりに行います。ここで大切なのは，「①誰でも会を進めることができるように内容をプログラム化する，②授業時間に影響が出るため時間を延長しない」ということです。子どもたちには「**習慣化**」が大切です。毎日内容が変わっている朝の会だったら，安心して臨むことができません。朝の会や帰りの会を進めるための司会カードなどを用いて，「朝の会」の流れをつくりましょう。また，筆者は「**時間を短く**」することを大切にしています。朝の会の場合，時間を延ばしてしまいますと，1時間目の授業に影響が出てしまうからです。ましてや，専科の先生の授業でしたら，朝の会をやっていて遅れてしまうことがあってはいけません。

　「帰りの会」の場合も同じく，時間を短く，端的にします。先生の話す場面であっても，担任が長々と話すことに教育的な意味はなく，子どもも聞くことに飽きてしまいます。話す意識としては，次の2つのことを心がけます。

① 「今日も1日学校に来てよかったな」という思いをもってもらうこと
② 「明日も学校楽しみだな」という思いをもってもらうこと

　短い時間ではあるのですが，大切な時間となります。帰る前の子どもたちが
どんな表情で帰りの会に臨んでいるのか，しっかりみてあげましょう。

（3）朝の会・帰りの会の実際

朝の会（流れ）

1	朝のあいさつ	：	これから朝の会を始めます。朝の挨拶をするので，立ってください。「おはようございます」→みんなで「おはようございます」
2	朝の歌	：	朝の歌，音楽係さん，よろしくお願いします。
3	健康観察	：	健康観察，○○先生お願いします。
4	めあての確認	：	めあての確認，今日のめあては「□□□□□□」です。
5	係からの連絡	：	係からの連絡は何かありますか。
6	先生の話	：	先生の話，○○先生お願いします。

帰りの会（流れ）

1	めあての振り返り	：	これから帰りの会を始めます。めあての振り返り，今日のめあてができたと思う人は手を挙げてください。
2	今日のキラキラ	：	今日のキラキラがある人は立ってください。
3	先生の話	：	先生の話，○○先生お願いします。
4	明日の日直紹介	：	明日の日直さんは，○○さんと□□さんです。→拍手
5	帰りのあいさつ	：	帰りの挨拶をするので，立ってください。「さようなら」→みんなで「さようなら」

　朝の会では，クラスで話し合ってつくった係が音楽をかけるなどの時間を設け
ています。また，健康観察は1人ひとりの声色を聞きたいと考えているため，名
前を呼名するようにしています。先生の話では，一日の見通しをもてるように，
流れを確認していました。帰りの会では，「今日のキラキラ」という友だちが
友だちを褒めるという時間を設け，明るい雰囲気で終えるようにしていました。

POINT

〈ここでのポイントとまとめ〉
① 朝の会と帰りの会は，短い時間で端的に終わるようにしよう。
② 先生の話では，見通しをもたせることと意欲を高めることを意識しよう。

（1）休み時間は子どもたちにとって楽しみな時間である

　休み時間となると，目をキラキラさせながら一目散にグラウンドに向かって走っていく。そんな素敵な子どもの姿を目にすることはたくさんあるでしょう。それだけ，**子どもたちにとって休み時間は貴重な時間であり，学校生活においても楽しみな時間の1つです。そして教師は，その休み時間をしっかりと確保してあげることが大切**です。授業が5分延びたから休み時間を5分短くすることは基本的にあってはなりません。教師の都合で子どもの時間を搾取しないため，休み時間に入り込むことがないような授業のタイムマネジメントが大切です。小学校段階の子どもにおいて，**遊びの時間は学びの時間**でもあります。

（2）休み時間で子ども同士の関係をみとる

　子どもは休み時間に，教室で折り紙を折ったり，図書室へ行ったり，外で鬼ごっこをしたりと思い思いの時間を過ごします。じつは，休み時間においても児童理解の種がたくさんあります。「この子は○○さんと仲がよいのだな」「いつも授業中一緒に活動するけれども，今日は，あの子と一緒に遊んでいないな」など人間関係も見ることができます。短い時間ではありますが，そんな関わりにおいてもアンテナを立てて見守っていくことも学級経営につながります。

（3）ときには一緒に遊ぶ

　教師にはさまざまな業務があり，忙しい毎日ですが，ときには子どもと一緒になって楽しむ時間を過ごすこともよいと考えます。筆者は，いつも遊ぶことはむずかしかったので，子どもと約束をして遊ぶようにしていました。担任の先生と一緒に鬼ごっこをやったり，ドッジボールをしたりすることは特別感が生まれます。**一緒に遊ぶことで授業では見られない一面を見ることもできます。**

友だちにやさしい一面であったり，遊びのなかではリーダーとして引っ張っていくことができたりなど子どもによってさまざまです。心と体のリフレッシュという意味でも子どもと遊ぶことはその方法の1つだといえるでしょう。

（4）休み時間に1人でいる子には

　過ごし方がさまざまある休み時間。ときには，1人で教室で過ごす子どもの姿も見られると思います。そんな子どもには，無理やり友だちと遊ぶように強制することはしないようにします。本をゆっくり読みたい，じっくり絵を描きたいなどの理由で，1人で過ごしているのかもしれません。まず，**その子が休み時間に何をしているのか，見守ってみましょう。**もし，楽しそうでなかったら，集団における悩みを少しかかえているかもしれません。遊びたい友だちと遊ぶことができないであったり，友だちのなかに入っていくことが恥ずかしかったり，いろいろ理由はあると思います。その理由がはっきりしていたら教師の出番です。「本当は，何をして過ごしたいのかな」「誰と一緒に遊びたいのかな」など，聞きながら集団へ促してあげる方法もよいでしょう。まずは，どのような過ごし方をしているのか，見守ってあげましょう。

（5）休み時間中のトラブル対応

　休み時間には，子ども同士のトラブルがどうしても生まれてしまいます。ここで大切なのは，**そのトラブルがどうして起きてしまったのか，子どもに考えさせることです。**対人関係スキルを高めていくためにも，子ども自らが自分の言葉で話し，折り合いをつけていく経験を積み重ねなければなりません。いつ，誰が，どのようにトラブルが起きたのか，教師は傾聴しつつ解決へ導いてあげましょう。どうしても解決しない場合は，学年の先生に入ってもらうことが大切です。

POINT

〈ここでのポイントとまとめ〉
① 休み時間でも，子ども同士の関係性をみとるようにしよう。
② 休み時間でのトラブルも1つずつ解決へ導く役割に徹しよう。

給食当番・清掃の仕方

（1）学校給食とは

　給食の時間は，子どもたちにとって楽しみの時間ですね。「たくさんおかわりしたいな！」なんて目をキラキラ輝かせている子どももいます。この楽しい時間ですが，学校生活のなかにおいて最重要な指導となります。なぜなら，**学校が提供した食べ物を口にする時間ですので，絶対に安全でなければなりません**。年度初めの職員会議で給食の時間について提案されたり，「給食スタンダード」のように，給食指導のあり方を示している基本方針があったりします。自分の学校にあった給食指導を心がけましょう。

（2）給食準備・配膳中の指導

　4時間目が終了したら，机の上を清潔にするように指導します。教科書や筆箱は必要ありませんので，机の中に片づけるように言います。机の上に学習用具を置かない理由は，異物混入を防ぐためですので，全員に同じ指導を統一しましょう。その後は，手洗い指導を行います。

　コロナ禍前でしたら，班でまとまって食べていましたが，今は机を前に向けて，近くの友だちと距離を取りながら食べることが主流となりました。給食当番ではない子どもたちは自分の席に座って待つようにします。

　配膳は，**①給食当番が1人ひとりに配って行く，②個人が給食を取りに行く**という2つのスタイルがあります。こちらも学校で決まっている場合がありますので，確認するようにしましょう。

実際に配るときには，**食缶に給食が残らないことを意識するように給食当番に伝えます。** 低・中学年の場合は，最初にどれくらいの量を盛ればよいのか示してあげて，その後は給食当番に任せます。

（3）給食中の指導

　給食当番の配膳が終了し，食器の置き方を指導したあと，「いただきます」とあいさつをして食事の時間がスタートします。騒々しいなかでは，給食をおいしく味わったり，楽しんだりすることはできません。クラスが落ち着いて食事ができるように心がけましょう。食事中のタブーとして次のことがあったら声かけをします。

> ○ 給食中に意味もなく立ち歩く
> ○ 口に食べ物を入れながら大声でしゃべる
> ○ 食べ物を粗末にする・汚い食べ方をしている

　「食事を楽しむ心」を育むためにも， 給食の時間はあります。これは，「学校給食法」という日本の法律でも決まっています。食事についての正しい理解や，適切な栄養の摂取のためにも，学校給食はその役割を担っています。

（4）おかわりのルールを明確にしよう

　トラブルを起こさないために，おかわりのルールを明確にしておきましょう。さまざまな方法がありますが，いくつか例を紹介します。

> ○ 完食した人がおかわりをすることができる。（偏食しない）
> ○ 15分後におかわりをすることができる。（早食いを防止）
> ○ おかわりは1回までとする。（公正公平）

（5）清掃の役割

　どの学校でも，給食が終わったあとや放課後の時間に「清掃」の時間が設定されていると思います。実際には，学習指導要領上，曖昧な位置づけであり，清掃の時間はマストではありません。それでは，清掃の役割とは一体何でしょうか。それは，**自分たちが使った場所やものをきれいに整えるという**「マナー」**の一面と，学校への「愛着」**の一面があると考えます。清掃の時間に少しの工夫を行うだけで，個々が育ち，クラスがまとまることにもつながります。ここでは，清掃指導について紹介します。

（6）清掃当番をどのように決めていくのか

　清掃当番の決め方は，それぞれのスタイルがあります。担任の先生によって裁量が委ねられている部分が多いです。ですので，多くの先生の仕方を見たり，聞いたりして自分が取り組みやすい仕方を吸収していきましょう。

　一週間で交代するスタイル

　写真上のように，５つのグループに分けて，一週間で当番を交代していく仕組みです。左側には，A〜Eごとに子どもの名前を入れた表を掲示します。一週間経ったのち，反時計回りに１つ回すシステムです。この表では，「机運び」のグループが給食当番を行うという，給食と連動した表となっています。

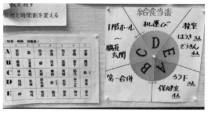

　高学年では，掃除場所だけを伝え，ほうきやぞうきんなどの役割は自分たちで決めさせることが多いです。また，

その人数についても，４月当初，子どもたちと一緒に決めてもよいと思います。

　写真下の表では，１人ひとりに清掃当番の名前が入っています。一週間ごと

に名前が上に行き，さまざまな清掃を経験できます。役割が明確なので，低学年におすすめです。清掃場所や役割に応じて，色分けをしてもよいでしょう。

（7）清掃の時間を意識させよう

　清掃当番が決定したら，まず，子どもたちには**時間内に清掃を終わらせること**を伝えます。時間だけをかけてダラダラとした雰囲気を払拭させるためです。多くの学校は，**清掃時間は10〜15分**だと思います。最初のうちは慣れるまでに多少時間がかかってしまいますが，清掃を始める前に全員に目標時刻を共通理解させるようにしましょう。**タイマーを使ったり，教室のなかで音楽をかけて，曲が終わるまでに清掃終了をめざしたりする**ことなども効果的です。時間内に終えることができたら，ポイントをゲットできるなんていう方法も低学年には人気です。

（8）安全指導を徹底しよう

　時間内に終えることが大切であるというように，論じてきました。もう1つ大切なことは，「**けがをしない**」ということです。とくに，机を運んだり，ぞうきんがけをしたりするときに，けがが起こりやすいです。低学年の子どもには，机の運び方やぞうきんがけの仕方を提示しましょう。

POINT
〈ここでのポイントとまとめ〉
① 給食の役割や安全管理を理解しよう。
② 給食に関するルールを示し，全員が楽しい時間となるようにしよう。
③ 清掃のルールを確立することで，クラスをまとめよう。
④ けがをさせないために，安全指導を徹底するようにしよう。

27 学級目標

（1）学級目標を立てる前に

　学校の方針として，学級目標を立てましょうと示している学校が多いと思います。学級目標をなぜつくるのか，どんな効果があるのかしっかり理解しながら目標を立てるようにします。

　学級目標は，**めざすゴールの姿を表す言葉**です。そして，４月にすぐに立てることはあまり推奨しません。目標とは，現状の自分たちのよさや，これからさらに伸ばしていきたいという点を俯瞰，理解したうえで立てるものだと考えます。筆者は，学級の生活に慣れてきた５月ごろから学級目標を立てるようにしていました。４月に比べ，子ども同士の関係もそのころには深まっています。

（2）学級目標を立てるうえでのポイント

① 安心して話すことができる雰囲気

　前提として，学級目標を立てるときは話し合い活動で進んでいきます。成功体験や失敗を重ねた４月の経験を大切に，話し合える雰囲気をつくってあげましょう。「このクラスでなら，話し合いができる」という思いを個人にもたせてあげるようにします。

② 学年末の最後の姿を考える

　筆者は，よくこのような問いかけを子どもたちにします。「みんなは，学年の最後にどんな姿になっていたいのかな」と。さらに，追い発問として，「どんなクラスにしていきたいのかな」と理想の学級像について聞いてみます。学級目標を立てるためには，やはりゴールの姿は考えさせなければなりません。

③ 学級目標を立てることが目的ではない

　学級目標を立てることが目的にならないように注意します。集団を一致団結させるために学校教育があるのではないということです。一番大切なことは，

「子どもたち1人ひとりの成長」です。ある程度，学級目標を通してクラスがめざす方向性を見いだし，個人をつなぐという考え方もあると思います。

（3）学級目標を立てる基本的な流れ

　学級目標は1時間ではつくることができません。しっかりと時間を確保してあげることが大切です。とはいっても，時数が限られたなかでどのようにつくっていくのか，子ども視点で紹介していきます。

〈基本的な流れ〉
1　クラスの現状を見つめる（俯瞰）
2　学年末の最後の姿を考える（収集）
3　出てきた言葉をキーワード化する
4　キーワードを絞る（決定）
5　学級目標を何かに例える（隠喩）
6　掲示できる形でつくる（制作）

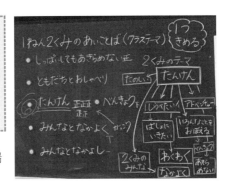

　4のキーワード化にする理由は，端的に覚えやすいという点があります。覚えられない学級目標は意味がありません。「全員が言える」ことを大切にしていきましょう。また，学級目標を何かに例えることもあります。ひまわりの花や，飛行船，鳥などです。1年間掲示するだけもいいかもしれませんが，学級目標も子どもたちの成長に合わせて，変化していくことも可視化の手立てとして有効です。どんどん花びらが増えていく，飛行船が学年末のめざす姿に近づいて動いていくなど，いろいろなアイデアがあります。ぜひ，子どもと一緒にどのようなストーリーがよいのか考えていきましょう。

POINT
〈ここでのポイントとまとめ〉
① 学級目標を急いでつくろうとせず，子どもの実態に沿って決めていく。
② 学級目標を通して，自分たちが成長している実感をもたせていこう。

28 学級活動

(1) 学級活動とは

「文部科学省 第6章 特別活動 第2各活動・学校行事の目標及び内容」のなかに，学級活動があります。さらに，学級活動「(1) 学級や学校における生活づくりへの参画」，学級活動「(2) 日常の生活や学習への適応と自己の成長及び健康安全」，学級活動「(3) 一人一人のキャリア形成と自己実現」のようにめざしたい資質・能力で分けられて位置づけられています。ここでは，学級活動の話し合いで大切なことに焦点化していきます。

(2) 話し合い活動の前に

まず，話し合いの素地を育成するために，話し合い前の事前指導の必要があります。以下，文科省が出している「みんなで，よりよい学級・学校生活をつくる特別活動」を参照して事前の活動についてまとめてみました。

① 問題の発見

学級生活がもっとよくなることやみんなでしたいこと，つくりたいものはないかなど生活のなかから話し合う議題を決める（例：転入してくる○○さんを迎える準備をしよう）。

② 議題の選定

学級の全員で話し合うべき問題かどうかを考え，議題を選定します。

③ 議題の決定

学級の全員に提示し，全員で議題を決定します。

④ 活動計画の作成

提案理由や話し合うことを決め，学級会の進め方の計画を立てます。

⑤ 問題の意識化

学級活動コーナーなどを活用して，議題に対する意識を高めます。

このようなサイクルを積み重ねることで，話し合い前にはどのような準備が必要なのか，子どもが自覚できます。

（3）話し合い活動の実際

　それでは，話し合いの仕方に注目していきましょう。前提として，**議題に対して自分の思いや願いをしっかりもてるような手立てが必要です。その手立てとは，問題を全員で共通認識する時間を設けること。また，決まっていることと話し合うことをしっかり可視化してあげましょう。**なんのために話し合うのか，何を話し合うのか混在してしまうからです。

話し合いの流れ
① 出し合う（たくさん意見を集める）
② 比べ合う（出された意見を比較する）
③ まとめる（決める）

　一例ではありますが，このような話し合いの流れを提示し，話し合いの成功体験を積み重ねることが子どものモチベーション維持にもつながります。

（4）話し合い活動で大切にしたいこと

　筆者が大切にしたいことは，相手を傷つけるような発言があった場合，その場で指導することです。クラスのために話し合っていますが，相手の意見を蹴落とそうとみられたのならば，誰も話し合いをしたくありません。受容と再考を繰り返し，相手のことを思いやることができる話し合い活動をめざします。

POINT
　〈ここでのポイントとまとめ〉
① 話し合い活動のサイクルを理解しよう。
② よりよい雰囲気で話し合いを進めるために，教師の出場を吟味しよう。

29 係活動

クラスをより楽しくするために

（1）係活動と当番活動の違い

係活動と当番活動はよく耳にするキーワードだと思います。この2つの活動の違いとは一体なんでしょうか。

> 係活動　…学級がより楽しくなるための活動。工夫の余地があり，グループで行う。学級生活をより創意工夫し，自主的に豊かにしていく活動のこと。とくになくても困らない仕事。
> 当番活動…学級に必要で誰かがやらなければならない仕事のこと。内容や仕方が決定していることが多い。また，個人で行うこともある。輪番で，全員が行う活動のこと。やらなければ困る仕事（例：給食当番・掃除当番・日直など）。

この違いを理解して，係活動をより楽しいもの，かつ子どもたち自ら動くことができる活動をめざしていきましょう。

（2）低学年は当番活動からスタート

前述したとおり，係活動と当番活動には違いがあります。低学年のときから，係活動をしっかり取り組ませたいと思う先生も多いでしょう。低学年（とくに1年生）にとって係活動を工夫させるとは結構ハードルの高いものなのです。なぜなら，まだ多くの1年生は，幼児期に係活動を経験したことがないからです。多くの幼稚園や保育園は「お当番さん」という形で取り組ませていることが多いです。ですので，**低学年は当番活動で「しっかりとやるべきことをやる」という経験を積ませてあげてから，係活動にシフトチェンジしていくとよい**でしょう。当番活動の例は，次のものがあります。

> 電気係／号令係／黒板係／日にち係／曜日係／いただきます係　など

このようにみると，やはり工夫の余地がないものが当番活動です。

90

（3）係活動の決定までの流れ

　係活動は「クラスが楽しくなるために，こんなことがしたい！」「こんな楽しい時間を企画したい！」という子どもが主体の活動です。さて，低学年の当番活動期も終え，係活動を始めようとしているとき。係活動の決定までの流れはどのように進めていけばよいのでしょうか。

〈メンバー決定までの流れ〉
① こんな係があったら，楽しいという係の名前をたくさん挙げる。
② 人数制限せず，自分が入ってみたい係にネームプレートを貼る。
③ 人数が多かった場合（10名など）2つに分ける手段をとる。
④ 係で集まり，どんな工夫ができるのか話し合う。
⑤ 話し合ったことなどをもとに，掲示する係カードを作成する。

（4）係活動の実際

　筆者が担任をしていたときにあった係活動を紹介します。

飾り係　　…教室を季節にあった飾りでデコレーションします。お楽しみ会などでも大活躍していました。
クイズ係　…朝の会「係の時間」にクイズを考えて，みんなに出題します。
レク係　　…中休みなど，クラス全員が参加できる遊びを企画，運営していました。遊びたいレクについて，アンケートなどもとりました。
スポーツ係…レク係とは別で，体を動かすことを中心とした学級レクを考えてくれていました。
ブック係　…クラスのみんなに読み聞かせをしていました。また，学級貸出でみんなが読みたいと思う本を選んで，定期的に借りていました。

　ぜひ，子どもたち主役で「やりたい！」と思う係をつくっていきましょう。

POINT
〈ここでのポイントとまとめ〉
① 係活動は，創意工夫のあるものでなければならない。
② 低学年は，当番活動からスタートして係活動へ変化させていく。

30 席替え

（1）子どもは席替えが楽しみ！

　席替えは，子どもたちにとって楽しみなイベントの1つです。席替えによって関わる友だちであったり，机の配置であったりさまざまな変化があるからです。初任時代に多くの席替えの仕方を知り，自分の学級の実態に合った失敗しない席替えの仕方を見つけてみましょう。

○ 席替えすると，いろんな子どもが隣や前後に座る。その機会を通して，自分とはちがう人と交わり，人間理解を深め，社会的能力を高めることができる。
○ その結果，多くの級友と仲よくなり，やがて，学級のみんなと輪を結んで，楽しい学級をつくることに役立つ。
○ 気分転換のために必要。学習・活動の場を少し変えることで，気分を一新し，学習や学級活動の効率を高めることができる。
○ 学級全体の雰囲気が変わる。ときに，志気の高まることもある。大きくは，この四つの理由だが，付随してさまざまな教育的効果が期待できる。

出所：家本芳郎（1998）『ザ・席替え―席が替わるとクラスが変わる』学事出版，97-98頁

（2）4月は出席番号順でスタート

　学級開きのある4月には，**出席番号順でスタートする**ようにします。そのメリットとして，**名前と顔が一致し，名前を覚えやすいこと，提出書類が多いので時短になること**などがあげられます。低学年では，**身体測定など出席番号順で行うことも多いので並びやすい**ともいえるでしょう。

（3）担任の意図的な席替えはメリット・デメリットが存在する

　「この子はたいへんだから，この子にフォローしてもらおう」「こうすると，どの班もバランスがいいかなあ」など担任はいろいろな見方で席を考えると思います。たしかに，教師の意図的な席替え配置によってうまくいくときもある

でしょう。ですが，筆者の経験上，「あれ，この子とこの子は仲良しだと思ってたのに違ったのかな」「良かれと思って席替えをやったんだけど，なんかギクシャクしているなあ」と主観が現実とずれることが多々ありました。「あれだけ時間かけたのになんでだろう」と自分の主観を問い直すこともしました。ましてや，意図があれば，それに対する反論は必ずあります。第一，誰もが納得のいく席替えなんてあり得ませんでした。実際に，練りに練った席替えを発表したときに，不満そうにこちらを見る子どもの視線もありました。

（4）席替えでくじをする

　筆者は席替えでうまくいかなかった経験から，くじを使うようにしました。誰の意図も入ることなく，公正公平です。ですが，ここで注意したいのが**視力や聴力に配慮して，どの子も集中して学習に取り組むことができるような座席にすること**です。健康診断の結果だけでなく，保護者からの申し出も聞きながら，配慮事項をしっかりと確認しましょう。**配慮する子どもの席を決めてから，くじを行います。**また低学年では環境構成が大切ですので，ある程度特別な支援の必要性など，担任が理解してからくじを取り入れていきます。

（5）席替えの頻度や男女の配置について

　席替えの頻度は，月に1回していました。ちなみに，日直がクラス全員回ったら席替えをしていました。2人1組で行っていくと，ちょうど15〜18日となりますので，席替えのタイミングです。ですが，重大なトラブルが生じたとき，柔軟的に席替えを行うこともときには必要になります。隣が必ず男子と女子でなければならないという決まりはありません。クラスの子どもたちと一緒に席替えを楽しいイベントにしてみてくださいね。

> **POINT**
> 〈ここでのポイントとまとめ〉
> ① 席替え1つで，学級の雰囲気が変わる。
> ② 子どもたちと一緒に席替えの仕方を考えていく姿勢を大切にしよう。

31

学級レク

（1）子どもたちが荒れている？

「少しの子どもたちが荒れはじめているかも」「最近，みんなへの指導が入りにくくなったなあ」と感じたら，すぐに対策を打つようにします。荒れ防止に有効なのは，なんといってもクラスの信頼関係です。そのベースになるコミュニケーションを図るための学級レクの進め方を紹介します。ここでは，子どもたちが企画する学級レクについてお伝えします。

（2）学級レクの進め方（子ども企画）

学期始めや学期末，学年末に学級レクを行うクラスが多いと思います。この学級レクは，大きな学びの場となります。クラスをまとめるためのチャンスですので，次に示す6点を参考にしっかり時間を確保して準備していきましょう。

① 子どもがお楽しみ会をやりたいという思いをもつ。目的意識をもつ。
　（お友だちとの別れが近いから／新しいお友だちが増えたから／係活動を発表したいからなどを考えるとバリエーションが増え，創意工夫がおもしろくなる）
② お楽しみ会実行委員を立てる（レク係などもよい）。
③ どのようなお楽しみ会がよいのか，クラスで話し合う。
　（例：できるよ発表会／係ごとの出し物／全員参加型ゲームなど）
④ お楽しみ会の日にちや時間を決定する。
⑤ 本番に向けて，子どもたちと一緒に必要な時間数を計算する。
⑥ お楽しみ会本番・振り返りを行う。

準備で大切なこと

① 全員が参加している意識をもつ

一部の子どもだけで進めようとするレクは，教育効果を発揮しません。「私はこのレクの企画をしているんだ」という所属感をもたせるために，**1人ひとりの役割をつくってあげる**とよいでしょう。このとき，グルーピングしたり，

既存の係活動を活用したりすることも手立ての1つです。「**だれが，何を，いつまでに**」やるのか明確にしていきましょう。本番まで掲示することもよいでしょう。友だちとの協力がなければ，上手にできないということにも気づきます。

② 時間確保が成功のカギを握る

準備する時間がほとんどなければ，本番も成功しません。「しっかり準備してきたから，僕たちのお楽しみ会は成功したんだ」という振り返りにもつながります。

③ 進捗状況を準備時間ごとに発表する

筆者は，お楽しみ会の準備をやった1時間ごとに進捗状況を報告してもらっていました。今日のこの準備時間で何が進んだのか，次にどんなことが必要なのか，自覚してもらうためです。

④ マイク・ポータブルスピーカー・ICT 機器の活用

お楽しみ会は名前のとおり，楽しい時間でなければなりません。その演出で大切になるのが，マイクやポータブルスピーカー，ICT 機器の活用です。雰囲気も出ますし，TV モニターを使ってクイズを出したり，音楽もかけたりするとより一層盛り上がります。

（3）楽しい！　次もやりたい！　学級レクの振り返り

企画・準備・運営・友だちとの協力など，多くの教育効果があることを伝えてきました。ここでは，次回に生かす振り返りを大切にしてほしいと考えます。

計画→運営→振り返りというサイクルが次回のお楽しみ会がより充実します。失敗しても見守って，自分たちで進める学級レクを意識して，挑戦してみてください。

　上記では，子どもが自ら企画し，運営していく学級レクについて述べさせていただきました。ここからは，教師が意図的に設ける学級レクについて紹介します。クラスあそびによって，仲間づくりの楽しさを実感し，より一層友だち同士の仲を深められるようにしていきましょう。

スモールナンバーワンゲーム（所要時間10分）

ねらい：誰も傷つくことなく，目立たない子どもであっても活躍できる。低学年でも数字を使って楽しくできる。

> T：このゲームは，クラスのなかで一番小さい数字を選んだ人が勝ちです。1から15の番号から，番号を1つ選びましょう。
> C：だったら，1を選べばいいんじゃない。
> T：そう思いますが，じつは，クラスの人と数字がかぶってはいけないゲームです。友だちが選ばない数字を予想しながら，自分のメモ帳に数字を書いてみましょう。〔全員が書くまで待つ〕
> T：それでは，選んだ数字が呼ばれたら，素早く手を挙げてください。15・14・13・12……。〔1人だったら，その子を立たせる〕
> T：今回のチャンピオンは○○さんでした！〔拍手〕

はい，ポーズ！（所要時間10分）

ねらい：友だちの動きに注目し，動きの変化を見つけることができる。

> T：このゲームは，間違い探しゲームです。2つのポーズを見せるので，何が変わっているのか見つけてみてください。出題者は3名に手伝ってもらいます。
> C：僕が出題者やりたい！
> T：それでは，○○さんたち3名は廊下でどんなポーズをするのか考えてきてください。準備ができたら，教室に入ってきてください。
> T：（教室に入ってきたら）皆さんで，「はい，ポーズ！」と言いましょう。
> C：はい，ポーズ！〔全員〕

T：それでは，もう一回廊下に出てもらって，少し違うところを入れながら，ポーズをしてもらいます。同じように教室にまた戻ってきてくださいね。

C：はい，ポーズ！　〔全員〕

T：さて，何が変わったでしょう？

わたしはだれでしょう？（所要時間10分）

ねらい：ヒントをもとに，想像しながら問題を出すことや解くことができる。

T：これから誰かになりきって問題を出します。3つヒントを出すので，誰か当ててみてくださいね。

T：①私は黄色い身体です。②足が長いです。③じつは，首も長いです。

C：きりんだ！！

T：正解です！　誰か問題をやってみたい人はいますか。○○さん。

パチパチリレー（所要時間5分）

ねらい：友だちを見ながら，ゲームを楽しむことができる。クラスでまとまろうとする心を育む。

T：みなさんで，どれだけ短い時間でリレーができるかやってみましょう！　ですが，このリレーは拍手を使います。横の人が手を叩いたら，自分も手を叩きます。拍手をバトンのようにつなぎ，どれだけ早く全員に回るでしょう。

T：練習したら，本番です。それでは，用意，スタート！　〔ストップウォッチで時間を計る。時間は見せないようにする〕

T：今回のタイムは，50秒でした！　また明日もやってみましょう。

POINT

〈ここでのポイントとまとめ〉

① 学級レクでは，目的意識や計画など子ども主体になるようにしよう。

② 演出も楽しいものを準備して，次もやりたくなる学級レクにしよう。

32

校外学習

準備編

（1）校外学習のねらいをもとう

　公立学校や附属学校のどの学年においても，校外学習があります。校外学習において大切なことは，**教師が捉えさせたい「ねらい」が明確なことと，子ども自身が「知りたい！」「実際に見て確かめてみたい！」という思い**がしっかりともてていることです。教師目線で考えてみると，校外学習の場所が学習のねらいに適しているのか考える必要があります。校外学習を通して学びのある一日にしていきましょう。

（2）下見に行こう

　校外学習の当日までに，下見に行きます。この際，学年で行く場合もありますので学年の先生に相談しましょう。下見では，いくつかポイントがあります。

　① 見学時間を決める

　当日の見学時間の見通しをもちましょう。移動距離や交通状況を加味しながら，実際に歩いてどれくらいの時間が必要なのか考えるようにします。学年によって移動時間は異なります。時間については，先方に失礼のないように余裕をもって行動計画を立てましょう。

　② 記録写真を撮る

　下見の際には，記録写真を撮るようにしましょう。子どもへの事前説明やしおり作成にも活用できます。校外学習前に写真を見せることで，集合ポイントなどを周知できます。

　③ 子どもたちの動線を確認する

　安全管理上，子どもたちが歩く動線を確認しましょう。信号はいくつあるのか，歩道はあるのかなど見ていく必要があります。道中にトイレの有無やその

数も確認しましょう。また，公道を歩きますので，学級全員が集まれる場所や危険箇所がないかなどを丁寧に確認していきます。

(3) ワークシート（しおり）をつくろう

　校外学習向けのワークシートを作成します。これは，校外学習のねらいを達成するためや学習を進めていくために大切となりますので，ぜひつくるようにしましょう。また，ワークシートとは別に，スケジュールや持ち物，メンバーなども記入するとよいでしょう。学年に応じて内容を精査していきます。

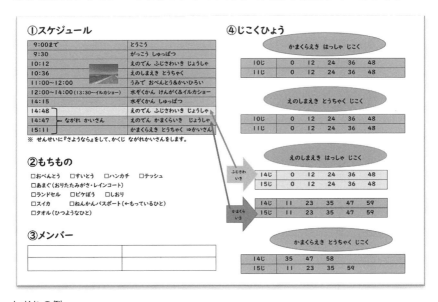

しおりの例

(4) 見学先との連絡調整をしよう

　校外学習では，公共施設や商店などを見学することがあります。**事前に先方には連絡を入れるようにしましょう。**何の教科でどんなことをとらえさせたいのかについて，教師のねらいを伝えます。先方からの気をつけることの聞き取りをしましょう。なお，**見学には予約が必要な場合もあります。いつまでに予約しなければいけないのか確認するようにしましょう。**

校外学習の準備が終わったら，いよいよ当日を迎えます。校外学習当日の動きや注意することを解説していきます。

① 常に時間を意識する

校外学習では，計画を立てていても予期せぬトラブルなど起きてしまうこともあります。公共交通機関の利用でしたら，電車やバスの遅延が考えられます。柔軟かつ，先方への影響を大きく与えない方法を選択していくようにします。**時間を常に意識して，余裕をもった行動を心がけていきましょう。**時間がないから走るという行動は，ないようにしてください。

② 子どもの体調管理を徹底する

校外学習では，朝集合場所に集まったときに健康観察を忘れずに行います。普段と違う場所での動きとなるため，1人ひとりの体調に変化がないか見守ってください。健康バックを忘れずに持ち歩き，急な対応ができるようにしましょう。また，**適宜トイレ休憩の時間を確保してあげましょう。**

③ 子どもの安全指導を多くの引率者で行う

けがをせずに，自宅に帰ることが絶対に約束されてなければなりません。公共交通機関を利用する場合には，**電車の乗り方やホームでの待ち方を指導**します。道路を横断するときには，多くの引率者が横断歩道に立ち，安全指導を行いましょう。当日に焦ることが

無いように，**下見の際に危険な箇所がないか理解しておくことが重要です。**

④ 会計担当を決めておく

校外学習では，見学料や交通費などが発生します。校外学習担当の特別会計を決めておきましょう。よくある注意点として，団体割引の場合には値段が変わること，障がい者手帳を所持している子どもの値段が変わることなどがあげられます。また，**子どもと引率者の領収書を別にしてもらうと会計報告のとき**

に楽になりますので，忘れないようにもらいましょう。

⑤ 学ぶ時間の楽しさを共有する

　校外学習は，そのとき，その場所でしか学ぶことができない貴重な経験であることを子どもに事前に指導します。ここでしか学ぶことができないことを子どもに実感させて見学しましょう。また，公園で遊んだり，アクティビティに取り組んだりするときには，安全管理をしながら，子どもと一緒にその時間を楽しみましょう。

　一部ではありますが，校外学習当日で注意することをあげました。ほかにもあると思いますが，学年の先生や管理職と相談しながら，子どもが楽しく学ぶ時間を過ごせるように支援してあげてください。非日常的な経験ですので，きっと大人になっても忘れることのない校外学習になると思います。ぜひ，準備を万全にして臨んでください。

POINT

〈ここでのポイントとまとめ〉
① 校外学習に向けて，事前の準備を丁寧に進めていく。
② 校外学習では，先方への連絡調整を忘れずに。
③ 校外学習当日には，安心・安全に取り組める環境づくりをしよう。
④ 校外学習の「学びの時間」を「楽しい時間」にしよう。

33

宿泊を伴う体験学習について

　小学校高学年になると，宿泊を伴う体験学習があります（早いところでは，小学校中学年から実施している学校もあります）。

　この宿泊を伴う体験学習を成功させるには，**①行程表の把握，②事前の指導，③情報共有**が非常に重要になります。

① 行程表の把握

　一般的に子どもがスケジュールを把握するための行程表，それに教職員の動きを加えた教職員用の行程表が作成されます。教職員用の行程表をよく理解しておくことが大切です。

　例えば，食事をとるときの動きです。体験学習のときはバイキング方式で食事を選んで食べることが多いです。そのときに教職員がチームで動く必要があります。全体の様子を観察する人，アレルギーがある子どもが食べる食事の確認を行う人，子どもたちがスムーズに食べ物を選ぶことができるように動線を誘導する人，ごはんやスープなど配膳に時間がかかるメニューを配膳する人などの役割があります。教職員用行程表には，役割分担がされているはずです。

　このように，それぞれが果たす役割をしっかりと把握していることが大切です。

② 事前の指導

　子どもたちへの事前の指導は重要です。バスに乗車しているときに運転中に水分をとってよいのか，子どもたち自身が行程表を確認して行動することをわかっているか，グループ活動するときのルール，施設見学をするときはリュックを持っていくのかなど，実際にさまざまな確認事項があります。また，子どもたちが臨機応変に行動をする場面も必ず生じます。

　もちろん，すべて頭のなかに入れて行動することは不可能ですが，事前に少しふれておくだけで，当日の行動が非常にスムーズになります。学年の先生と

何を指導するか確認しておいたうえで子どもたちに伝えるようにしましょう。

③ 情報共有

これは，当日の教職員内の情報共有です。筆者は，よく情報共有アプリ（LINEや LINE WORKS など）を用いて行っています。

例えばバスで移動をする際には，子どもたちが全員乗車していることを確認してから出発をします。バスが数台になるときは，それぞれのバスに子どもが全員乗車しているかどうかを共有する必要があります。情報共有アプリを用いて，乗車していることを確認できればスムーズな出発につなげることができます。バスのなかでは教職員が 1 人であることがあります。判断に悩んだ際に情報共有アプリを活用して相談してみるとよいです。

さらに，行程中に天候が急に変わった，渋滞に巻き込まれて時間がずれ込んでしまうような予定とは違う事態になった際も活用できます。現在の状況から今後の活動予定をリアルタイムで情報共有することで，柔軟な対応を取ることができるようになります。

また，学校に残っている教職員も情報共有アプリのメンバーに入れておくと便利です。体験学習の状況がリアルタイムで把握することができ，電話で報告する回数を減らすことができるからです。学校からの情報提供もアプリを用いることで，体験学習に参加している教職員すべてに即時に知らせることができます。ぜひ体験学習の際には，情報共有アプリを活用しましょう。

POINT

〈ここでのポイントとまとめ〉
① 体験学習では，職員用行程表の把握，子どもへの事前指導，こまめな情報共有が大切。
② 1 人で判断に悩むことがあったら，すばやく相談しよう。

第 **4** 章　児童のことをよく知ろう

34　子どもの行動・言動

子どもの様子を見極める目を育てる

（1）最初に子どもは教師を試す

　4月，子どもは初めて出会う先生や友だちにドキドキしながら過ごすでしょう。そのなかでも，一部の子どもからある行動が見受けられるようになります。それは，わざと間違った行動をとったり，集団から外れる行動をとったりする先生への「試し行動」です。このときの教師の対応をその子は見ているのです。「この先生はここまでは許してくれるんだ」「これは，やっちゃいけないラインなんだ」と子どもなりに教師から叱られる線引きをしています。そして，この**「試し行動」は見逃してはいけない子どもからのサイン**なのです。

（2）「試し行動」は周りの子もよく見ている

　「試し行動」があったとき，周りの子どもも担任の先生の対応を見ています。「試し行動」をする子をＡさんだと仮定しましょう。周りの友だちが「これやっちゃいけないんだよ」とＡさんを注意したとき，あるいは，Ａさんが間違った行動をしているとき，急に担任に視線が集まるという経験はありませんか。これが，「試し行動」の集団観察です。わざと間違った行動に対する担任の対応を見て，**この教室は安心安全に生活できるか見ようとしている**のです。

（3）「試し行動」を見逃さない

　筆者は以前，学級がスタートした4月にこんな経験がありました。「静かに話を聞きましょう」と全体指導したなかで，話をしていたのですが，わざと音を立てるＡさんがいました。机をバンバン，椅子をガタガタとさせています。そのときは筆者の顔を見ながらやっているのです。「なんか調子が悪いのかな」と思ってそばに行き，「大丈夫？」と聞くと，「別に何もない」と言って音を立てることをやめます。ですが，次の日になると，また音を立てることの繰り返

しです。筆者はとても悩みました。その後もわざと音を立てるという行動が、周囲の迷惑になるから駄目だと厳しく指導をしましたが、うまく伝わらない。これが「試し行動」であったのかということを自覚しました。案の定、授業にのってくれないことも多々ありました。ですが、ここは根気強くAさんにのってくれるような授業をやってみようと、よい意味でAさんが自分のバロメーターになったことを覚えています。そのような「試し行動」をする子どもをクラスの中心に据え、クラスで起こる楽しいことも悲しいこともAさんを巻き込んでいく、そんなスタイルを1年間続けました。結果的には、Aさんとの信頼関係も築けるようになり、学級を終えることができました。

(4) 頭ごなしに叱らない

　問題行動を起こす子どもには、必ずその背景があります。喧嘩が起きたとき、一方で泣いている子どもがいたら、「どうして泣かせたの!?」と叱ってしまいがちです。その表面上の出来事しか見ることができていないからです。ですが、よく両者の意見を聞いてみると、どちらも喧嘩のきっかけをつくっているということがあります。**いきなり叱る、指導するということをするのではなく、まずは傾聴すること。**これを初任の若手先生には大切にしてほしいと思います。

(5) 子どもの言葉をよく聞いてみる

　傾聴することは心理的安全性を保つことにつながっています。心の安心がなければ、子どもは本音で語ってくれません。大人は子どもの話を都合のよいとこをだけ切り取って聞いてしまいがちです。「**この子はなんて言いたいんだろう**」と心を寄り添いながら、聞いてあげてください。きっとその姿勢は子どもにも伝わるはずです。

POINT

〈ここでのポイントとまとめ〉
① 子どもの「試し行動」に気づくことができるようにアンテナを高くする。
② 一部の子どもであっても、「試し行動」を放っておかないようにする。

特別支援教育

（1）特別支援教育とは何か

特別支援教育という言葉をよく耳にすると思います。文科省では，特別支援教育を以下のような意味で定義づけられています。

> 「特別支援教育」とは，障害のある幼児児童生徒の自立や社会参加に向けた主体的な取組を支援するという視点に立ち，幼児児童生徒一人一人の教育的ニーズを把握し，その持てる力を高め，生活や学習上の困難を改善または克服するため，適切な指導及び必要な支援を行うものである。

2007年から，「特別支援教育」が学校教育法に位置づけられました。従来の特殊教育の対象障害に，知的発達の遅れのない発達障害も含まれました。そして，特別支援学校に限らず，公立学校において障害のある幼児児童生徒の支援をさらに進めていく方針が打ち出されています。

（2）共生社会の実現をめざす

上記の特別支援教育が進められている理由として，障害者の権利に関する条約に基づく「**インクルーシブ教育システム**」の理念の実現があります。言い換えるならば，障害のある子どもと障害のない子どもが可能なかぎり，ともに教育を受けられるようにするということです。そして，障害のある子どもの自立や社会参画に向けて，教育整備を進めていくということです。段階としては，一般学級，通級による指導(通級指導教室)，特別支援学級，特別支援学校となっています。これらの学び場があるということを理解しておきましょう。

（3）インクルーシブ教育で周りの子どもも育つ

インクルーシブ教育で，障害のある子だけが育つのではありません。その子の周りにいる学級の子どもたちも育っていくのです。障害のある人との関わり

方を経験することは必要ですが，あまり機会が多いものではありません。障害のある子どもと一緒に周りの子どももともに育つという意識をもち続けましょう。

（4）発達障害の種類

　生まれつき，さまざまな脳機能の発達の偏りによる障害を発達障害といいます。脳の特性であるため病気ではありません。得意や不得意など，その人が過ごす環境や周囲の人との関わりから社会生活に困難が発生することがあります。発達障害は外見からは判断しづらいことがあります。その症状や困りごとは人それぞれ違うことが特徴であることを知っておきましょう。

　① 自閉症スペクトラム障害（ASD）

　2013年5月に精神医学の診断基準が改訂されて，従来の「自閉症」「アスペルガー症候群」「広汎性発達障害」が「自閉症スペクトラム障害」に含まれるようになりました。相手の気持ちを読み取ることが苦手などの症状があります。この障害も，生まれつきの脳の特性から，両親の接し方や幼少期の体験には，起因しないものです（「37　自閉症スペクトラム障害」を参照）。

　② 注意欠如・多動性障害（ADHD）

　集中力が続かない，じっとしていられない，考えずに行動してしまうなどがみられます。原因として，脳の前頭葉といわれる部分の働きの偏りがあり，脳の伝達物質ノルアドレナリン，ドパミンが通常より不足している可能性があります。

　③ 学習障害（LD）

　読む，書く，計算するなどの特定の事柄だけに苦手な状態のことをいいます。小学生の約5％にみられる症状であり，非常に身近な障害の1つです。

　以下では，この子どもたちにどのような支援をしたらよいのかお伝えします。

（5）子どもの支援

　前述のとおり，さまざまな発達障害があることをお伝えしてきました。ここ

では，注意欠如・多動性障害（ADHD）と，学習障害（LD）の２つを例にあげ，独立行政法人国立特別支援教育総合研究所のデータのもと，実際にどのような支援が考えられるのか紹介していきます。

① 注意欠如・多動性障害（ADHD）への支援

ADHDの子どもは，集中力が続かない，じっとしていられない，考えずに行動してしまうなどがみられるということが傾向にあげられます。

> 1時間の授業をⅠ）読む，Ⅱ）操作する，Ⅲ）考える，Ⅳ）書くという一定の流れにし，それぞれの作業を短時間で構成する

ADHDの子どもは，１つのことに集中できなくて，次から次へと対象が移ってしまい，結果的にどれも中途半端になってしまっているということがよくみられます。また，板書も量が多いとむずかしくなります。特定の場所に書いた部分だけノートをとる，特定の色の文字だけ書くなどの工夫が必要となります。シャープに作業量を減らすようにします。

> 見通しをもてるようにする

見通しがもてると集中できるという傾向がみられます。どんな内容のものを，どのような方法で，どのくらいの時間をかけて，そして終わったらどうなるのかということがわかると，落ち着いて集中できるようになります。子どもが１時間の見通しをもてるようにしましょう。

> 座席は窓側を避け，一番前にする

ほかの刺激の影響を非常に受けやすい傾向があります。できる範囲で調整するようにします。机の上は，学習課題で使うものだけにします。子どもの座席については，保護者と相談し連携していきましょう。

② 学習障害（LD）

読む，書く，計算するなどの特定の事柄だけに苦手な状態のことをいいます。また，非常に身近である発達障害といえます。

■国語

じっくりと話を聞き，子どもが話そうとしていることを適切な言葉で言い換えていく

「あれがこうなって…」というような指示代名詞が多くなってしまうことがあります。言葉を話すときのつまずきとして，話の内容の言い間違いがあり，子どもの言いたいことがよくわからないことがあります。教師が言い換えてあげ，そのつど合っているか確認しながら，話すようにします。

「いつ」「だれが」「どこで」「どうした」という疑問詞を提示し，それにあわせて話をさせる

伝えたい内容をどのように伝えてよいかわからない子どもに，手がかりを与えます。伝えたい内容が整理されて相手に伝わるようになります。

■算数

一度にたくさんの計算問題をさせないようにする

計算問題ができないから，たくさんの計算問題を解いて習熟させようとするのではなく，少なくしていきます。学習意欲を低下させないようにします。

位取りの位置を明確にする

どこに位取りを書くのかわかるように支援してあげます。マス目も意識して書くように伝えます。

POINT

〈ここでのポイントとまとめ〉
① 特別支援教育では，インクルーシブの視点をもとう。
② 発達障害の症状や特性，その支援について理解を深めよう。

36 ユニバーサルデザイン

> 誰もが受けやすい教育環境づくり

（1）ユニバーサルデザインとは

　みなさんは，ユニバーサルデザインという言葉を聞いたことがありますか。**ユニバーサルデザインとは，「年齢や能力の如何にかかわらず，すべての人が使いやすいように工夫された用具・建造物などのデザイン」**（『広辞苑第6版』）のことです。「UD」と呼ばれることも多々あります。「あらかじめ，障害の有無，年齢，性別，人種等にかかわらず多様な人々が利用しやすいよう都市や生活環境をデザインする考え方。(障害者基本計画（H14.12.24閣議決定)」に対して，「障害者の社会参加を困難にしている社会的，制度的，心理的なすべての障壁の除去という考え方。(同上)」という**バリアフリーの定義との違い**もあります。

（2）教育界のユニバーサルデザイン

　学校教育においてもユニバーサルデザインの考え方は広がっています。その考え方をもとに，教室環境を整えることが誰でも授業が受けやすくなる配慮の1つとなります。

　① 黒板周りはすっきりとさせる

　黒板に書いてあることに集中できるように，黒板周りはすっきりさせましょう。そのあと書く字が読みやすいように黒板消しも上から下で消します。

　② タイマーを使う

　いつまで活動をするのかわからない。そんな思いをもちながら子どもは活動していると集中できません。時間配分を考える意味でも黒板にタイマーを置き，時間を意識できるように工夫しましょう（写真の右下）。

　③ 活動の見通しを黒板に書いてあげる

　タイマーと同じく，活動のゴールを示してあげます。今は何をやる時間なの

かを子どもが自覚できるようになります。

④ 道具の場所を決める（写真A）

学習で使う道具の場所をわかるように，年度最初に示してあげます。また，宿題を出すところや配り物などのカゴに名前を付けてあげる配慮も効果的です。

⑤ 掲示物で全体指導する（写真B）

低学年では「こえのものさし」を教室に掲示しています。声の大きさは言葉では伝えることがむずかしいからです。視覚的にどのくらいの声で話せばよいのか共通理解を図るようにします。

⑥ 1人1つの学習用具を準備する（写真C）

写真は，外国語での色の学習です。黒板だけの資料だと，意欲の低下や理解が深まっていかない場合があります。手元に同じ学習用具を準備してあげることで，誰もが受けやすい授業の実現に近づきます。

⑦ 印をつける（写真D）

机を置く場所に印をつけます。水性のペンで書いたり，ビニールテープで貼ったりして整理整頓しやすいように配慮します。学年に応じて，印の有無について判断するとよいです。低学年は印があったほうが，子どもたちがストレスなく過ごしていました。

⑧ 時間割を掲示する（写真E）

教科名が書いてあるマグネットシートと，ホワイトボードを使って，一日の時間割をみんなが見えるように掲示します。学年に応じて，ひらがなや漢字を使い分けてつくっています。また，色分けをして視覚的にわかるようにしてい

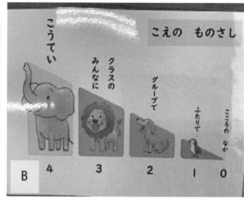

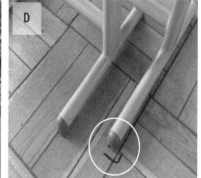

学校教育におけるユニバーサルデザインの例

ます。この掲示を変えるのは，日直にしてもらっ
ていました。

　⑨　学習材の不必要な情報は取り除く

　道徳や国語の説明的文章を教科書ではなく，
独自で用意することが時折あります。そのとき
に注意していることは，不必要な情報を取り除
くことです。音読が苦手な子どものなかには，
情報全体のなかから必要な個所だけに焦点を当
てて見ることが厳しい子どももいます。そこで，
音読する際に，シートを使って必要ない情報を

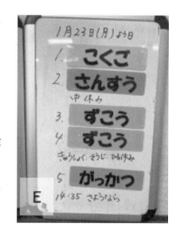

できるだけ取り除けるような支援をすることで，子どもが注目すべきところに集中できるような環境をつくります。コピーするときも，手間がかかるからといって，取り扱わない教材も入ってしまうことのないようにしましょう。

⑩ 教室環境を整える

生活科の学習で，「ピタゴラ装置をつくろう」の単元をしているときには，その学習に関わる書籍を置いていました。学習意欲を引き出し，誰もが学習内容に向かって取り組むことができるようにする手立てです。

また，教室の後ろには，どんな学習を今までしてきているのか時系列で掲示していました。学習の足跡として学びを振り返ることができるようになります。

⑪ 絵と文字を混ぜながら，全員に伝わるようにする

「みてみると」を目のマーク，「さわってみると」を手のマークのように，文字だけでなく，絵を入れて視覚的に支援してあげます。何を使って学習すればよいのか，子どもが実感できる手立てです。

POINT

〈ここでのポイントとまとめ〉
① 誰もが受けやすく，わかりやすい授業や教室環境づくりを意識しよう。
② 学級の実態に合った支援を選択していこう。

自閉症スペクトラム障害

（1）自閉症スペクトラム障害とは何か

みなさんは，「自閉症スペクトラム障害（ASD)」という言葉を聞いたことがありますか。先に述べたとおり，2013年5月に精神医学の診断基準が改訂されて，従来の「自閉症」「アスペルガー症候群」「広汎性発達障害」が「自閉症スペクトラム障害」に含まれるようになりました。**自閉症スペクトラム障害は約100人に1～2人が存在するということで，とても身近な疾患といわれています**。それでは，もし，自閉症スペクトラム障害の子どもが教室にいたときに，どのように支援していけばよいのでしょうか。

（2）自閉症スペクトラム障害の特徴

自閉症スペクトラム障害の子どもにとって，次のような特徴がみられることがあります。

〈対人交流〉

○ 1人でいることを好む

○ 一方的に自分の思いを伝えようとする

○ 対人関係のコミュニケーションがむずかしい

〈言葉によるコミュニケーション〉

○ オウム返しで話す

○ 言語の指示が通りづらい（「これを書いてください」など）

○ 会話がぎこちない

○ たとえ話が通じない

○ 敬語が不自然，妙な大人びた言葉遣いをする

〈言語外のコミュニケーション〉

○ あやしても，目が合わない

○　手を振るときに，手のひらを自分のほうへ向ける

　　○　手足をバタバタして，ぴょんぴょんはねる

（3）こだわりの強さを理解する

　自閉症スペクトラム障害の子どもは，こだわりが強いことが特徴的です。特定のルールや強いこだわりを示していて，好き嫌いもはっきりしています。自分の関心を優先的に行動する傾向にあります。

> 例：自分のこだわりから，ずっと積み木を並べ続けている。
> 　　クラスで並ぶときに，1番でなければ納得できない。
> 　　電車や昆虫，記号などの物事に強い興味を示す。

　このような強いこだわりに対して，教師は否定してはいけません。その子どもは，自分なりの納得があってから次の行動に移すことができます。教師にとって大切なことは，その子がどのようなこだわりがあるのか，じっくり見てあげる必要があります。また，周囲の子どもが理解してあげるという視点も学級経営で重要なことです。その際には，しっかりと保護者との面談が必要不可欠になります。

（4）すべてが障害になるのではない

　自閉症スペクトラム障害の子どもは，強みもあります。興味関心を示した事柄にはとても能力を発揮し，○○博士のような詳しい存在になれます。**生まれもった特性と考えてあげることが大切**です。また，自閉症スペクトラム障害の特性には治療教育（療育）という1人ひとりにあった治療法があります。その子の「生きづらさ」「困り感」に寄り添ってあげることが担任としてできることです。最初はむずかしいかもしれませんが，できないことを見るのではなく，できることを見てあげましょう。得意分野をサポートしていくことが大切です。

　このあとは，自閉症スペクトラム障害の子どもの姿からどのように支援していけばよいのかお伝えします。

（5）子どもの支援

　自閉症スペクトラム障害の子どもには，さまざまな特徴があります。それでは，実際にどのように支援していけばよいのか，独立行政法人国立特別支援教育総合研究所のデータをもとにお伝えしていきます。

　① グループ活動

> グループの編成は，本児の特徴を理解している子どもを入れる

　対人関係を苦手としている子どもの特徴を理解している子どもがグループに入ることで，ほかの子どもとの橋渡しの役目を果たすことが期待できます。ただし，その子どもの負担にならないように配慮することが必要です。

> グループ活動するテーマや手順をプリントに書いて示す

　活動の手順をプリントにして確認できるようにすることで，いま行っている活動や次の活動が何かを理解し，見通しをもって行動することが可能となります。その子だけでなく，全グループに渡してもよいでしょう。

> グループ内で役割分担を行い，役割を明確にしたあとにグループでの活動を行うようにする

　役割分担を明確にすることにより，自分が何をすればよいのかを理解し行動することができます。「○○さんだけずるい！」という不満も子どもから生まれにくくなるでしょう。

> わからないことや聞きたいことがあったら，手を挙げるようにする

　わからないことがあったときにはどのように振る舞えばよいのかという約束しておきましょう。安心して活動に参加できたり，周囲の必要以上の支援を減らしたりすることができます。

　② 感覚過敏

> 「大きな声はいや」など自分で感じていることを言えるように機会があるごとに教え，やがて自ら対処することができるように支援する

自閉症スペクトラム障害の子どもは，音や視覚の刺激に非常に敏感であることが特徴であります。感覚の過敏性からくる辛さを自分で表現する方法を学び，日常生活のなかでいかすことにより，子どもが不快に感じていることについて周囲が理解しやすくなり，協力や配慮が得られるようになります。

③　予定変更について

> 時間割を変更する場合は，変更する時間の直前になって知らせるのではなく，少なくとも前日までに伝え，さらに当日の朝，再度説明する

　決められていることにこだわりがあるので，予定の変更を早くから知らせ，それを繰り返すことで，予定の変更を受け入れやすくして，活動の見通しをもてるようにすることが可能になります。

> 時間割の変更は口頭だけではなく，学級に表示されている通常の時間割を用いると同時に，変更後の時間割を視覚的に確認できるように明示し説明する

　聴覚的な情報だけではなく，視覚的な情報も用いることで，情報をより確実に捉えることができるようになります。

　ここでは，一部ではありますが自閉症スペクトラム障害の子どもの特徴とその対応についてお伝えしました。「クラスの一員」であることを子どもに伝え，みんなを見守っていることを伝えつづけてあげてください。

POINT

〈ここでのポイントとまとめ〉
① 自閉症スペクトラム障害の子どもの特徴を理解しよう。
② すべてが障害になるわけではないことを覚えておこう。

38 座ることがむずかしい児童

担任ができる支援方法

（1）1時間座ることがむずかしい子ども

　座ることがむずかしい子どもに出会ったことはありますか。筆者は若手のころ，出会いました。その子は高機能自閉症という診断が出ている子でした。衝動性を抑えられないという自分のコントロールがむずかしく，1時間を座っていることはできませんでした。そもそも姿勢保持が厳しいのです。**多動気味の子どもで体幹の弱い子は珍しくありません。**「背筋を伸ばして座りましょう」は，体幹の弱い子にとって苦痛以外の何ものでもありません。ぐにゃっとしたり，だらっとしたり，脚を投げ出したりして座っていたとしても，やる気をなくしているわけではなく，同じ姿勢を保つことが厳しい場合が考えられます。

（2）口頭のみの指示はやってはいけない

　座ることがむずかしい子どもには，「座りましょう」という口頭のみの指示は，ほとんど効果はありません。怒鳴ったり，無理やり座らせようとしたりすることは厳禁です。何度も注意していたら学級の雰囲気も険悪になり，その子の学級内の立場も悪くなる一方です。

　筆者が保護者と実施していたのが，**絵カードとシールカード**です。絵カードとは，右図のように，絵と言葉が入ったカードを使って指示をしていました。日によって子どもの気分のムラにあり，最初はなかなかうまくいきませんでしたが，慣れていくとできるようになる子どもの姿に，成長を感じていました。

　続いて実践していたことが，シールカードです。時系列にやることを書いてあるシートにできたらシールを貼っていくというやり方です。

	ランドセルをしまう	れんらくちょうをかく	てがみをしまう
5月16日	●	●	
5月17日			

（3）1時間ずっと集中させようと思わない

　離席が多い子どもに「1時間集中しましょう」は正直無理があります。そのような子どもには，その集中力を長時間ではなく，短い時間を細かく何回も経験させるようにします。15分×3回（45分授業）のような時間設定です。その子のためのプリントをつくってあげることも手立ての1つです。時間設定の工夫も以下のような手立てが考えられます。

> ○　1枚で終わるようなプリントを何枚かの小プリントに分けて，取り組むようにする。
> ○　友だちと交流させるなど，あえて立って動くような時間を全体で設定する。
> ○「長い針が6のところまでがんばろう」と短時間で目標を設定する。

（4）椅子を変えてあげる・椅子にクッションを入れる

　離席しがちの子どもは，姿勢保持が厳しい問題上，あの固い椅子に1時間座ることはむずかしいです。筆者は，椅子をそのまま変えてあげていました。回転できる小さな椅子です。その子はじっとしていることが苦しいので，あえて体が動く可動域のある椅子にしました。このとき，注意したいことは，**独断で椅子を変えることはしてはいけません**。学年，児童指導担当の先生に相談します。学校で取り組んでみようとなったら，保護者に相談です。いきなり，「そのような手立てをとりたいと思うのでいかがでしょうか」と伝えたら，保護者もびっくりするので，**日頃から，学校の様子を伝えてあげるようにしましょう**。

　クラスの子どもたちにも，伝え方が大切です。「○○さんは，勉強をがんばりたいから，この椅子に座るんだけどみんなわかってくれるかな。おうちの人とも相談したんだけど」など，子どもの意思も尊重して伝えてあげます。「なんであの子だけ？」と不信感を抱かれないよう，説明してあげてください。

> **POINT**
> 〈ここでのポイントとまとめ〉
> ① 離席しがちの子どもには，姿勢保持が厳しい可能性があることを理解する。
> ② 子どもの立場に立って，1時間座っていることがない学習を考えてみる。

39

喧嘩が多い児童

（1）教室にはさまざまな個性をもった子どもがいる

　35人が揃った1つの教室空間。そんな35人が全員同じ考え方であることはありえませんし，ましてや不自然なことです。1人ひとりに生活環境あって，得手・不得手が存在します。その35人が集団生活を送るうえで，避けて通れないないものは「喧嘩（けんか）」です。毎日，毎時間のようにトラブルを起こしてしまう子どもはどの教室にもいるのです。その子どもが喧嘩を起こしてしまうことが苦しく，どうすればいいのかわからない。そんな悩みをもっている先生も多いのではないでしょうか。ここでは，喧嘩によるトラブル対応について紹介します。

（2）「キレやすい子ども」の背景には

　「キレやすい子ども」は，自分の思いどおりにならない，意思疎通が友だちとうまくできない，そんなときに暴言や発狂などをして怒りをあらわにすることが見受けられます。なんでも思いどおりに育てられた，我慢弱い子どものイメージをもつかもしれませんが，じつはそうではありません。**小さいときから今まで，自分の思いを押し殺して過ごしてきたことが考えられます。**そして，自分の思いを制圧しすぎて，限界を超えたとき，「キレる」という形で感情が表出してしまうことがあります。学童期には，「反抗期」があります。高学年のときに出てくる場合があります。「反抗期」は子どもの自我の芽生えであったり，アイデンティティの確立であったり，精神発達の一過程で，時期が過ぎれば収まってきます。しかし，「キレる」ことは，**ストレスや生活習慣などから生じ，感情のコントロールがうまくできない状態ですので，心のケアも必要なのです。**

（3）キレる子は，じつは困っている

　いや，周りの友だちの子どものほうが困っているよと思うかもしれません。たしかに，暴力，暴言など傷つけてしまう行為は許されるものではないです。しかし，なぜこの子はキレてしまうのか，教師が原因を探ってあげる必要があります。うまく言葉で伝えられないから，手が出てしまうのか，我慢がずっと強いられていたからその反動なのかなどいくつも考えられます。トラブルが起きたとき，担任として，**子どもと同じテンションで対応してしまうと冷静な判断ができなくなってしまいます。**かえって，子どもをより興奮させてしまい，逆効果です。一度心を落ち着かせ，この子は「困っている」「生きづらさ」を感じているんだと見つめ直してあげると，よい解決方法が見つかるでしょう。

（4）トラブルが起きてしまったら

〈対応例〉
① お互いにけががないか，確認する。頭を打っている，傷が見られる場合には，迅速に保健室へ連れていくようにする。
② けががなかった場合，両者が落ち着ける場所へ移動させる。その場で話すことができる状況であったら，その場で話す。
③ 教室を空ける場合，学年の先生，またはブロックの先生に報告する（組織で対応することが多いため，聞き取りは複数名で行う）。
④ まず，どうしてこのような喧嘩が起きてしまったのか両者に聞き取る。1人ずつ聞き取って，相違点がないか確認する。
⑤ 同時に落ち着きが見られたら，相手の気持ちはどうだったか，言動・行動はどうだったか考えるように問いかける。
⑥ 相手の気持ちを理解できたら，これからについて解決策を見いだす。もし，納得ができないようであったら，話し合いを続ける。あるいは見ていた第三者を連れてくる。

　トラブル対応については，第一に**教師は聞き役に徹する**ことが大切です。子どもに任せる気持ちで寄り添ってあげてください。

POINT
〈ここでのポイントとまとめ〉
① キレやすい子どもは何かしらの原因をもっている。
② トラブルが発生したら，聞き役に徹して複数名で対応しよう。

40

掃除や当番をしない児童

> C：「先生，○○さんが掃除してないんですけど」
> C：「○○さんが違うところで遊んでます。どうすればいいですか」

　筆者も初任時代，子どもたちからのこんな訴えを経験したことがあります。この当番活動に取り組めない要因はどんなことがあるのでしょうか。また，どうすれば全員が責任感をもって取り組むことができるのでしょうか。

（1）なぜ当番活動に取り組むことができないのか

　当番活動に取り組むことができない要因をいくつかお伝えします。

① 自分の役割がわからない

　まず，自分の役割を理解していないことがあります。役割がはっきりしていないと，「さぼっている」ように見られがちです。また，「1班はぞうきん，2班は教室ほうき」と役割分担している場合，個人単位でみると曖昧です。役割をはっきりさせるためには，分担表の掲示をわかりやすいものにしましょう。

② 掃除の仕方がわからない

　掃除をする場所がわかっていても，掃除の仕方が理解できていないため，スムーズに取り組むことができません。低学年では，年度最初に1度すべての掃除場所に連れていき掃除の仕方を目で理解します。年度途中でも，掃除の仕方が曖昧だと感じたときに，適宜指導するようにします。

③ 掃除する道具が揃っていない

　自分の役割，掃除の仕方がわかっていても掃除場所の道具が揃っていなければ取り組むことができません。ほうきやちりとりの数については，各教室の配当数が決まっていますが，学校の保健部の先生に相談してみましょう。取り替えてくれたり，追加してくれたりします。

④ 掃除する意義が感じられていない

　掃除をなぜするのか，その必要性など子どもが感じ取ることができていない場合があります。低学年でしたら，掃除をしなかったら教室はどうなるのか考える道徳の時間，高学年でしたら低学年とペアになって掃除を教えるなどの異学年交流など手立ての１つです。みんなで使うところはみんなできれいにするという共通理解を学級全体で図っていきたいものです。

（２）価値づけと見守りを続ける

　掃除をしない子が掃除をする瞬間が見られたとき，大きなチャンスです。「掃除に取り組むことができたね。○○さん，掃除じょうずにできるんだね」のように，その瞬間に価値づけてあげます。半分でもできたことを認めてあげることで，やる気を出させます。そして繰り返し指導することが大切です。どうしても，ここの掃除はしたくないという子どももいるでしょう。でしたら，クラスの理解を得ながら，徹底的にできる掃除に挑戦させてあげることも手段です。

（３）低学年のときから，当番活動の大切さを実感させていく

　低学年は，まず当番活動をしっかり充実させてから，係活動に移行していきます。「自分のやっていることがクラスのために立っているんだ」など実感的に，当番活動の大切さを理解していきます。クラスの子どもが掃除に取り組まない…。そんなときには，まずは，
クラスの当番活動のシステムについて見直してみましょう。

POINT

〈ここでのポイントとまとめ〉
① 掃除や当番をしない要因は，役割・仕方・道具である。
② 当番活動の意義について子どもが考えられる時間を確保しよう。

41

学校以外で子どもたちの支援に関わる人

子どもの成長のために，さまざまな立場の人たちが支援できることを知って
おきましょう。では，どのようなものあるでしょうか。いくつか紹介をします。
例えば，スクールソーシャルワーカー／スクールカウンセラー／区役所などの
役所／児童相談所／幼稚園・保育園・こども園／警察／地域療育センター／特
別支援学校などが考えられます。ここでは，比較的関わることが多い，スクー
ルソーシャルワーカー／スクールカウンセラー／児童相談所について紹介しま
す。

① スクールソーシャルワーカー

文科省は，次のように述べています。

> スクールソーシャルワーカーを教育委員会・学校等に配置し，問題を抱える児
> 童生徒が置かれた環境への働き掛け，関係機関等とのネットワークの構築，連携・
> 調整，学校内におけるチーム体制の構築，支援，保護者・教職員等に対する支援・
> 相談・情報提供，教職員等への研修活動を実施。

スクールソーシャルワーカーは，簡単に述べると子どもの実態に応じてさま
ざまな機関をつなぐ役割を担っているということです。実際に子どもの様子み
ることもあります。さらに，学校と連携して役所の職員（警察や児童相談所）
とつなげることも行うことができます。

警察や児童相談所や市役所などの公的機関の人です。家庭での様子が気に
なったり，問題行動が突然増えてきたりする際に，連携することが多いです。
警察でしたら，問題行動について学ぶ学習に来てもらうことがあります。また，
児童相談所と連携し，子ども自身と保護者の支援を行うことがあります。また，
役所では，公的機関を活用したさまざまな援助方法について考えることができ
ます。

② スクールカウンセラー

文科省は，次のように述べています。

> 　スクールカウンセラーは，1〜7のような児童生徒が抱える問題に学校ではカバーし難い多くの役割を担い，教育相談を円滑に進めるための潤滑油ないし，仲立ち的な役割を果たしている。
> ・児童生徒に対する相談・助言
> ・保護者や教職員に対する相談（カウンセリング，コンサルテーション）
> ・校内会議等への参加
> ・教職員や児童生徒への研修や講話
> ・相談者への心理的な見立てや対応
> ・ストレスチェックやストレスマネジメント等の予防的対応
> ・事件・事故等の緊急対応における被害児童生徒の心のケア

　スクールカウンセラーは，子どもや保護者にとっての心の専門家と考えてよいです。子どもや保護者が悩んでいた際に，スクールカウンセラーにつなげることで，解決に向かうことが期待されています。

		スクールカウンセラー等活用事業 令和4年度予算額：5,581百万円（前年度予算額：5,278百万円）	スクールソーシャルワーカー活用事業 令和4年度予算額：2,132百万円（前年度予算額：1,936百万円）
補助制度		✓ 補助割合：国1/3，都道府県・政令指定都市2/3 ✓ 実施主体：都道府県・政令指定都市 ✓ 補助対象経費：報酬・期末手当、交通費等	✓ 補助割合：国1/3，都道府県・政令指定都市・中核市2/3 ✓ 実施主体：都道府県・政令指定都市・中核市 ✓ 補助対象経費：報酬・期末手当、交通費等
求められる能力・資格		✓ 児童生徒の心理に関して専門的な知識・経験を有する者 ⇒児童の心理に関する支援に従事（学校教育法施行規則） ✓ 公認心理師、臨床心理士等	✓ 福祉に関して専門的な知識・経験を有する者 ⇒児童の福祉に関する支援に従事（学校教育法施行規則） ✓ 社会福祉士、精神保健福祉士等
基盤となる配置		✓ 全公立小中学校に対する配置（27,500校） ✓ 配置時間：週1回概ね4時間程度	✓ 全中学校区に対する配置（10,000中学校区） ✓ 配置時間：週1回3時間
重点配置等		基礎配置に加え、配置時間を週1回4時間加算 ⇒重点配置の活用により、週1回8時間（終日）以上の配置も可能	基礎配置に加え、配置時間を週1回3時間加算 ⇒重点配置の活用により、週2回や週3回の配置も可能
	いじめ 不登校	➤ いじめ・不登校対策のための重点配置：2,000校（←1000校） ※不登校特例校や夜間中学への配置を含む ➤ 教育支援センターの機能強化 ：250箇所	➤ いじめ・不登校対策のための重点配置：2,000校（←1,000校） ※不登校特例校・夜間中学への配置を含む ➤ 教育支援センターの機能強化 ：250箇所
	虐待 貧困	➤ 虐待対策のための重点配置 ：1,500校（←1,200校） ➤ 貧困対策のための重点配置 ：1,900校（←1,400校）	➤ 虐待対策のための重点配置 ：2,000校（←1,500校） ➤ 貧困対策のための重点配置 ：2,900校（←1,400校） ※ヤングケアラー支援のための配置を含む
	質の向上	➤ スーパーバイザーの配置 ：90人 上記のほか、自殺予防教育実施の支援を含む	➤ スーパーバイザーの配置 ：90人

出所：文部科学省ウェブサイト https://www.mext.go.jp/content/20200205-mxt_kyoiku01-000004708_14.pdf

③ 児童相談所

厚労省では，次のように述べています。

> 　児童相談所は，市町村と適切な役割分担・連携を図りつつ，子どもに関する家庭その他からの相談に応じ，子どもが有する問題又は子どもの真のニーズ，子どもの置かれた環境の状況等を的確に捉え，個々の子どもや家庭に最も効果的な援助を行い，もって子どもの福祉を図るとともに，その権利を擁護すること

　児童相談所は，子どもはもちろん，保護者とも相談をすることができます。虐待に対しても対応をしますが，虐待にとどまらずよりよい成長のために連携をすることが可能になります。

④ そのほかの支援機関

　スクールカウンセラーとスクールソーシャルワーカーは，文科省が力を入れている分野です。ほかにも，医療機関の人，私的な支援団体の人などがいます。医療機関は，医者が医学的に子どものことを分析してくれます。また，私的な支援団体では，放課後デイサービスがあります。放課後デイサービスは，学校外で特性のある子どもに対して支援を行う団体です。

　このように，さまざまな立場から子どもを支援することができるのです。まずは学級担任が中心となって子どもを見ていくことになりますが，それにとどまらせないで外部機関と連携することが大切になります。

　教師は，特別な支援にとどまらずさまざまな仕事があります。普段の授業準備，子どもたちの学習に関する提出物（テスト・ノート・ワークシートなど）の点検，さまざまな手紙の作成，会議の準備などです。このような状況のなかで特別な支援について1人または学校内だけで解決しようとなると，ほぼ確実にどこかの業務にひずみが出てきます。そのようなときに思わぬミスが出てしまうのです。

　また，外部機関は教師と違った専門的な知識をもっていて，違った側面でおアプローチができます。例えば心理的な側面でのアプローチ，家庭の経済環境が厳しければ公的な支援によるアプローチなどです。外部機関と連携することにより，家庭が安定する，そして子どもが安定することにつながるのです。これは教師だけではむずかしい支援だといえます。

　ただし，注意点があります。さまざまな立場の人と連携する際には必ず学校

管理職や教職員に相談をしてから行うことです。また特段の場合を除いて，保護者の許可を取ることが必要です。よかれと思って行ったことが後々トラブルにつながることがあるからです（守秘義務やプライバシー保護の観点でも重要です）。学校・保護者・外部のそれぞれの立場の人が同じ方向性を向いて子どもの支援を行えるようにしていきましょう。

　最後に文科省が出している学校と関係機関の連携についてのフローチャートを提示します。

学校と関係機関等との行動連携の例

出所：文科省ウェブサイト https://www.mext.go.jp/a_menu/shotou/renkei/index.htm

POINT

〈ここでのポイントとまとめ〉
① 学校以外にさまざまな立場の人たちが子どもの支援を行うことができる。
② 決して1人でかかえ込まずに，さまざまな立場の人たちと連携して，子どもの支援をしていこう。

第5章　保護者は応援隊―よいつながり方は

42　保護者の願いは

> 学校教育に求めているものは何か

　保護者は，教師が子どもを育てるうえで大切なパートナーです。保護者は，どのような願いをもっているのでしょうか。ここでは保護者が学校教育に求めていることから教師への願いについて伝えていきます。

　2022年に行われた調査[1]がありますので紹介します。このなかで「自身の子どもが小学校に入学するにあたって，気になることや心配なこと」を調査したところ，「お友だち関係」（64.5%）と「授業についていけるか」（58.1%）が上位になっていました。

　つぎに，子どもに身につけてほしい内容は，「考える力（68.9%）と伝える力」（64.0%）が上位になっていました。いっぽうで，「学校のテストで点を取れる力」は23.7%にとどまっています。

　この調査を見てどのように感じるでしょうか。身につけてほしい力は以前と比べて変化してきているように感じます。子どもの学力の向上はテストの点数だけで見ていくものではなく，思考力や表現力が重要であると考える保護者が増えてきているのだと思います。

　いっぽう，気になることや心配なことは以前とあまり変化がないように感じられます。子どもが友だちと友好な関係を築く，授業にしっかり参加するなど安心して学校で過ごすなどの願いがあることがわかります。

　つぎに，教師に求めていることを考えていきます。保護者は，友だち関係と授業についていくことを心配しています。これを解決するために教師に必要なものは，子どもの様子をしっかりと観察して適切な支援をすることとわかりやすい授業を行うことが必要になると考えます。

　子どもの様子をしっかりと観察して適切な支援をするためには，普段から子どもとコミュニケーションをとることが重要になります。子どもとコミュニケーションをとることで，子どもの性格や行動の特性を理解することができま

す。その子どもの友だち関係や学校の過ごし方などを把握することができます。

　普段と違う様子でいたり，友だち関係に変化があったりしたときにすばやく気づくことができると思います。そのようなときに，適切に声をかけて支援をできるようになるのです。この関わりが繰り返されることが子どもの安心感につながります。

　わかりやすい授業を行うことでは，**子どもの実態に合っていることが大切になります。**筆者の経験からいえることですが，同じ学年の担任を何回かもって，同じ単元の授業をしても，子どもたちの反応はまったく異なります。これは，子どもたちの実態が毎年異なるからです。

　教師は，同じ内容の授業をいつも同じように行うのではなく，子どもたちの様子に合わせて，発問を工夫したり授業の進め方を適切に修正したりする必要があるのだと思います。普段の様子からどのような手立てをとると子どもたちが意欲的に学習に取り組むのかを把握しておくことが重要になります。

　保護者の願いである思考力と表現力を高めていくためには，**子どもが考え，考えを伝える機会を確保することが大切になります。**教師と子どもの一問一答の形式の授業ではなく，子どもが自由な考えを述べられるような授業にしていくことが大切です。また，子どもが伝えた考えを教師が返答するだけではなく，子ども同士で返答できるようにすることも重要です。協働的な学びになっているかどうかということです。

POINT

〈ここでのポイントとまとめ〉
① 思考力や表現力が重要であると考える保護者が増えてきている。
② 保護者は子どもが友だちと友好な関係を築く，授業にしっかり参加するなど安心して学校で過ごしてほしいという願いをもっている。

注
1）「小学館の通信教育　名探偵コナンゼミ―あなたのお子さんに関するアンケート」調査（新小学1年生の子どもをもつ保護者に実施）。

43 　学級懇談会

（1） 1学期の学級懇談会で「こんな学級をつくりたい」とアピール

　クラスの保護者が一同に集まる学級懇談会。初めての懇談会ほど緊張するものはありません。保護者にとって，「この先生はどんなお話をするのかな」「どんな人柄の先生なんだろう」と期待感をもって学校に来ます。とくに4月最初の懇談会はそんな気持ちでいっぱいでしょう。期待全部に応えようとすると苦しくなってしまうので，まずは学年の先生に学級懇談会はどのように進めているのか相談してみるとよいです。**学年によっては学級懇談会の流れを統一している場合もあります。学年主任から資料をもらうようにしましょう。**

　筆者は，4月の学級懇談会では，「自分はこんな学級にしていきたい」という思いを保護者に伝えていました。何より，**学校は「安心」「安全」の場が保証されていなければなりません。**「いじめ」は許さないことや集団づくりを大切にしていきたいことなど理念を伝えます。「この先生に任せてみたい」「安心して学校へ送り出すことができるな」と思ってもらえるように，丁寧な言葉遣いで積極的に発信してみましょう。

　4月　学級懇談会の例（1時間扱い）
　① 担任挨拶（2分）
　② PTA役員選出（10分）
　③ 保護者自己紹介（35分）
　④ こんな学級をつくりたい（10分）
　⑤ お知らせ・お願い（3分）

（2） 2学期の懇談会では，自分の得意教科をアピール

　学校にやっと慣れてきた2学期。2回目の学級懇談会でまだまだ緊張することかと思いますが，ここでは，自分の得意教科をアピールしてみましょう。教師の技術として，やはり教科指導はしっかりできることが大切です。1つでも

よいので，自分の専門性を発揮して学級経営を図ることできると伝えてみましょう。そのときの学習の様子を写真に撮って，プレゼンソフト（PowerPoint）で伝えてみると保護者も聞いてくれるはずです。また，保護者同士のつながりをもってもらうために，グループトークの時間を設けてみるのもよいでしょう。「子どもがはまっていること」「子どもとの休日の過ごし方」など誰でも話しやすいテーマがよいです。

10月　学級懇談会の例（1時間扱い）
　① 担任挨拶（5分）
　② PTAより連絡（5分）
　③ 学習の子ども達の様子（20分）
　④ グループトークタイム（25分）
　⑤ お知らせ・お願い（5分）

（3） 3学期の懇談会では，1年間の子どもの成長をアピール

　3学期最後の懇談会では，1年間の行事や学習活動を振り返りながら，**子どもたちが育んだ力をアピール**します。このときも写真や動画などがあったら，効果的です。最後に，保護者の協力に感謝を伝え，手を取り合いながら子どもたちの成長を見守っていくことを約束しましょう。

3月　学級懇談会の例（1時間扱い）
　① 担任挨拶（5分）
　② PTAより連絡（5分）
　③ 1年間の子どもの成長（10分）
　④ 保護者の方から一言（35分）
　⑤ 来年度の連絡（5分）

POINT
〈ここでのポイントとまとめ〉
① 学級懇談会で，積極的に子どもの様子を伝えていこう。
② 時期に合わせた内容を計画して，保護者からの理解を得よう。

44 個別〈個人〉面談

（1）最初の個別面談は緊張するものである

　4月の学級懇談会が終わると，つぎに，保護者が来校して担任と話す個別面談があります。自治体によっては，家庭訪問となります。筆者も初任者のとき，初めての個別面談でとても緊張したことを覚えています。初任者の筆者にとって，保護者に何を伝えればいいのか，何を聞けばよいのか右も左もわからない状態でした。学年の先生に相談したり，児童指導の先生から教えていただいたことを参考にしたりしながら，面談の時間を過ごしていました。ここでは，具体的に個別面談の方法について紹介していきます。

（2）面談時間を絶対に守る

　よくありがちなミスが，話しすぎて面談時間を超過してしまうことです。これは次の保護者にたいへん失礼になりますので，**絶対に時間を過ぎないように**しましょう。保護者は仕事の調整をしつつ，時間をつくってもらっています。どんなに話が盛り上がっても，途中でもきりのよいところを見つけ，「お時間が近づいてきましたので…」と言って，面談を終えるようにしましょう。

（3）まずは保護者の話を傾聴

　年度初めは長い時間を子どもと過ごしていないので，筆者は4・5月の個別面談では家庭での様子を最初に詳しく聞いていました。学校から帰ってきたあとの過ごし方や，休日の過ごし方，子どもの得意なことなどです。そこから，学校の様子に話を広げていくこともできます。**まずは保護者の話を傾聴することで，家庭の様子から見える子どもの姿を知ることができます。**学期以降の面談では，学校の様子と家庭の様子の違いなども話題の1つになります。最初の印象のみで話すことは危険ですので，まずは保護者の話を聞いてみてください。

(4) 面談時のメモをとらせてもらう

　もし，「こんなことに困っているんです」と面談時に相談を受けたとき，メモをとるようにしましょう。「今，お話していただいたことはとても大切なことですので，メモをとらせていただいてもよろしいですか」など一言伝えると，より丁寧な印象を受けます。担任は，何十人もの保護者との面談をしています。相談や困りごとは忘れることがないようにしましょう。

(5) 普段の子どもの様子をよく見る

　保護者から，学校の様子を聞かれることが多いと思います。このときに，筆者が大切にしていることは，**誰と仲がよいのか，学習活動への向かう態度などを，普段からチェックして記録をとっていることです。**保護者は，具体的な場面の話を聞くことによって，「この先生はよく見てくれているなあ」と信頼感を高めてくれるはずです。また，**1学期がんばったことなど子どもが書いている振り返りや学習ノートを用意しておいて，こんなところがすばらしいなど具体物をもとに話ができると，**保護者は安心してくれます。

(6) 保護者からの要望には

　「来年度は，この子と同じクラスにしてほしい」「宿題をもっと多くしてほしい」など，学校への要望がある場合があります。これらの要望は，自分ひとりで判断できるものではありませんので，**保護者から意見をうかがったあと，学年の先生・管理職に相談することが重要です。**また，**必ずしもその要望どおりにならないことも保護者に伝えておくことも大切です。**保護者との合意形成もとりつつ，教育活動が「子どものためになること」を最優先しましょう。

> **POINT**
> 〈ここでのポイントとまとめ〉
> ① 最初の面談では，保護者の話を傾聴しよう。
> ② 具体物を見せて，学校の様子が伝わるように工夫しよう。

　　　　電話対応

　学校は，業者や地域住民，保護者などさまざま人からたくさんの電話がかかってきます。そのなかで，読者のみなさんがたくさん電話対応をするのは，「保護者」です。どのように対応していくことがよいでしょうか。3点のポイントを伝えます。

> ① 相手の気持ちを考えて対応する
> ② 判断に悩むときは回答をすぐに出さない
> ③ 感謝を伝える

① 相手の気持ちを考えて対応する

　前提として，学校に用事があるから電話をするのです。それは何かをお願いしたい，困っているから助けてほしい，確認をしたいなどがあります。保護者が何のために電話をしているかを考えて対応することは大切です。

　保護者がどのようなことを言いたいのか，その気持ちと主張内容をしっかりと理解することが大切です。「○○ということですね」と復唱することで，相手との意思疎通をとることができます。間違った解釈を防ぎ，自分でも考えを整理することにつながるのです。

　ただし，学校でできることとできないことがあるのは事実です。安易に気持ちに寄り添いすぎて，できないことを約束しないようにしましょう。それが，保護者の不信感につながることがあるからです。気持ちに寄り添いすぎたために本来やるべき仕事ができなくなってしまい，教育活動の質を低下させることになってしまいます。

② 判断に悩むときは回答をすぐに出さない

　電話内容を聞いて判断に悩むときはすぐに回答しないことが大切です。電話対応は，1人で行っているものですから，そのときに自分の考えだけで答えを導き出そうとすることは危険です。その話題を1度もち帰り，学年主任や管理

職などに相談する時間を設けましょう。そして，そのことに関して現段階として最もよいと考えられる対応をとるようにしていきましょう。

③ 感謝を伝える

電話をしてくれたことに感謝の言葉を述べるということです。「○○についてご連絡いただきありがとうございます。○○さんからお電話していただけたので，対応を考えることができます。また何かありましたらおっしゃってください」というようにです。

不信感を抱きつつも学校に電話をするということは，学校の対応を期待していること，解決の方向性を見いだしてほしいということなのです。

電話対応，そして実際の解決の手段をとることで不信感から信頼感につながります。電話があったときは，ピンチと思うことがあると思います。しかし，このピンチを次へのよい手立てをとるためのステップ，つまりピンチはチャンスと考え，行動していきましょう。

最後に，子どものなかにもやもやが残ったまま下校すると，クレームの電話対応につながります。喧嘩や問題などが起きたら，その日のうちに状況を知り，解決に向けて動きましょう。「先生は何も対応してくれなかった」と思われないよう，子どもが帰る前に，しっかりと気持ちを整理してあげて帰宅させることが大切です。意識していきましょう。

POINT

〈ここでのポイントとまとめ〉
① 電話対応は相手の気持ちを考えて対応する。悩んだ際はその場で答えるのではなく，検討を重ねたうえで返答する。
② 子どもがもやもやとした気持ちが残ったまま下校することがないように意識する。

授業参観

（1）授業参観の心構え

　授業参観は定期的に行われますが，とくに初めてのときは緊張していたこと
を覚えています。保護者は次の3つの視点で授業参観を見に来ています。

① この先生はどのような授業をしてくれるんだろう。（担任の先生について）
② 自分の子は，元気に授業に取り組んでいるのかな。（自分の子どもについて）
③ クラスはどのような雰囲気なんだろう。（クラス全体について）

　この3つを意識して，保護者が「授業参観に来て，よかったなあ」と思って
もらえるような授業構成を考えていきましょう。

（2）授業参観では担任を見る

　保護者は，まず担任の先生がどんな人柄なのか，授業を通して見ています。
表情であったり，話し方であったりよく見られています。はっきり，教室に聞
こえる声の大きさで発問するようにしましょう。声や表情を意識することで「問
いかけがわかりやすい授業だな」「みんなに指示が通っているな」と教師とし
てよい印象を与えます。

（3）授業参観ではわが子を見る

　保護者は，やはりわが子が一番。自分の子どもがどのような様子で授業を受
けているのか気になっています。「積極的に参加しているだろうか」「姿勢よく
授業を受けているのか」「授業についていっていけているのだろうか」などさ
まざまでしょう。ここで大切にしたいのが，**1人の活動がはっきり見えたり，
全員が参加したりすることができる授業**を構成しましょう。「全員で授業をつ
くっていく」という担任の思いも伝わります。個人活動➡クラス共有➡個人活
動など，個の時間をあえてつくることも手立ての1つです。

（4）授業参観ではクラスの様子を見る

　自分の子どもはどのような友だち関係を築いているのかと，周りの友だちとの関係性も見られています。また，保護者は，元気なクラス，落ち着いたクラス，笑いのあるクラスなど1時間の授業参観でも感じ取ることができます。そして，教室環境も見ています。物が乱雑に置かれていないか，清潔に保たれているのかなど評価されていると思って，前日までに準備を進めておきましょう。

（5）授業参観はこれで成功する！

　① 全員参加型の授業

　子どもたち全員に活躍の場を設ける授業スタイルです。プレゼンやグループでの役割を与えた授業でみんなが輝くことができます。

　② 保護者参加型の授業

　毎回は厳しいですが，時折，俳句づくり，言葉集めなど保護者も一緒に考えてもらい，授業に参加してもらう授業もおもしろいです。

　③ 教科専門性を生かした授業

　体育や音楽，図工など得意教科があれば，その専門性を生かしましょう。「この先生の授業を受けてみたい！」「この先生は一味違う！」なんて思ってもらえれば，嬉しいものです。子どもも「すごい！」と先生を見てくれるはずです。

　④ 笑いがとれる授業

　授業参観で1時間，広義のように教科書を読み進めていくことはタブーです。"笑い？"と思うかもしれませんが，やはり授業は子どもも大人も楽しいものでないといけません。上品なユーモアあふれる時間や笑顔が絶えない授業が理想です。担任の先生の評価も一気に変わっていくはずです。

POINT

〈ここでのポイントとまとめ〉
① 保護者は担任，子ども，クラスの3つの視点で授業を見ている。
② 全員参加型の授業で，子どもの活躍場面を意図的につくっていく。

47 PTA 活動

さまざまな PTA 活動があることを知ろう

PTA 活動は，どのようなものでしょうか。日本 PTA 全国協議会のウェブサイトには，次のように述べている。

> PTA は，昭和20年に当時の文部省が発表した「新日本建設の教育方針」から歴史が始まります。
>
> その後，アメリカから派遣された教育の専門家による，戦後の日本の教育に関する基本的な方向性を示す，米国教育施設団報告書によって PTA の設立と普及を推奨する方針が掲げられ，文部省を通じて，全国的に PTA の指導，支援を行ったことから広まりました。
>
> 当時の文部省が作成した PTA 結成手引書の中には，PTA の趣旨として，「子供たちが正しく健やかに育っていくには，家庭と学校と社会とが，その教育の責任を分けあい，力を合わせて子供たちの幸せのために努力していくことが大切である」と謳われています。
>
> 家庭教育の充実を図り，学校・地域と連携して子供たちのために活動する団体として全国に広まりました。
> こうして始まった PTA はさらに，社会の宝である子供たちのために，地域ごとや都道府県単位の協議会が組織されるようになり，全国組織の必要性から日本 PTA がつくられました。

PTA 活動は，学校教育ととてもつながりがあるものです。また，教師は PTA の一員として関わります。PTA 活動でのポイントは，**① PTA 活動を知る**，**② PTA 活動を行っている保護者に声をかけること**の 2 点です。

① PTA 活動を知る

各学校によって，どのような PTA 活動をしているかが異なります。ここでは一般的な活動を紹介します。

（ⅰ）PTA には本部：本部で活動する人は PTA の役員です。会長・副会長・書記・会計などの役割があり，基本的に PTA 活動の中心を担います。
（ⅱ）校外委員会：校外委員会は，子どもたちの登下校の様子を見守る人の割り振りや通学路に危険なものはないかなどを確認して，役所や警察や地域や学校と情報共有をする役割があります。

（ⅲ）広報委員会：学校の活動を広く知ってもらうために先生を紹介する広報誌，運動会
　　や校外学習などの行事を知らせる広報誌などを作成しています。
（ⅳ）学年委員会：各学年に関わる活動を支える委員会です。
（ⅴ）推薦委員会：推薦委員会は，次の年度の役員を決める中心となります。

　ほかにもベルマークを集計して，物品を購入することや給食で白衣を修繕することを行う場合があります。読者のみなさんが働く学校では，どのような活動をしているかを知ることが大切です。学校や子どもを支える存在になっています。

　② PTA 活動を行っている保護者に声をかけること

　PTA 活動は，校内で行われていることが多いです。そのようなときに感謝を伝えたり，どのような活動をしているのかを聞いたりすることをおすすめします。

　保護者は，PTA 活動に参加をして学校や子どものために動いてくれています。そのような意味で「いつもありがとうございます」と一言伝えることで，お互いにとって大切な存在であることを伝えることができるからです。また，どのような活動をしているか聞くことで，PTA 活動の具体的な内容を知ることにつながります。さらに，各学校でのPTA 活動のよい点や課題について考えることができます。また，PTA 活動以外での学校に対しての考えを聞くことも多々あります。それをふまえて学校教育を行うことができるので，学校と保護者の歩調がそろっていくことも多いです。ぜひやってみてもらえると嬉しいです。

POINT
〈ここでのポイントとまとめ〉
① PTA 活動は，学校や子どもを支える大切な存在。
② どのような PTA 活動を行っているかを知ろう。さらに，PTA 活動をしている保護者に声をかけて，学校をよりよくするための視点を得よう。

48　学級通信

> 学級通信で子どもの様子を伝えよう

（1）学級通信とは

　学級通信とは，週の予定であったり，子どもの様子を写真や文で伝えたりする各クラスで任された通信のことを示します。みなさんの学校でも学級通信はつくっていますか。ここでは，学級通信の役割をふまえ，どんな項目がよいのかお伝えします。

（2）学級通信の項目

「学級通信」項目の例

① 今週行った学習を伝える（表面の上）

　学校でどのような学習をしたのか伝えます。保護者は，学校の様子を見る機会はそれほど多くありません。写真などを用いて伝えてあげるとよいでしょう。

また，そのときの学習のねらいや，設定の意図をわかりやすく伝えていきます。筆者は，板書の写真を活用したりして学習の流れを伝えていました。

② 子どもたちとのエピソードを伝える（表面の下）

毎日教室では，いろいろな出来事があるでしょう。そんななかで，子どもたちとのほっこりしたエピソードや，よかったところなどを伝えると保護者とのよりよい連携につながります。また，子どもたちとの関わりをしっかりしていないと書けないので，児童の理解にもつながります。

③ 来週の予定を伝える（裏面の上）

保護者にとって，先の予定を丁寧に伝えていくことは信頼関係をよりよくしていきます。これは，急遽な持ち物の依頼は担任への不信感にもつながっていってしまうからです。自分自身が見通しをもつという意味でも，丁寧に連絡していきましょう。また，保健や校外学習などの提出期限がある書類は，「お知らせやお願い」という欄を設け，記載します。事前に伝え，余裕をもって伝えていきましょう。

④ 今日的教育課題を伝える（裏面の下）

今の教育的トレンド・キーワードをもとに学級通信を書くことがあります。しかし，あまりにもコアな内容すぎるとよくありません。保護者にも伝わるような，やさしい言葉を交えつつ伝えてみましょう。社会に沿った教育活動を展開しているということも，理解してもらえるはずです。

⑤ 自分のおすすめの本やニュースを伝える（表面の上右）

1年生の担任時には，子どもたちと読んでほしい絵本を紹介していました。また，保護者には，こんな教育本があるということを伝えていました。毎週はむずかしいですが，「この本を読んで，こんな子どもに育ってほしい」という願いも込めて伝えてみましょう。

また，次ページ「学級通信」の例ように板書を入れることで，どんな学習をしたのか伝えることができます。

たんけん
Kamakura Elementary School

2022.07.01.Fri.

学級通信
vol.14

のこりはいくつ？ ちがいはいくつ？（算数）

　足し算の単元が終わり、『引き算』の単元に入りました。ここの単元では、10以下の数について減法の計算ができること、絵や文から立式できることをねらいとしてます。引き算の中でも様々な種類の問題が存在しています。残りを求める『求残』、補集合を求める『求補』、差を求める『求差』というものです。ここで大切にしていることは、全体の数をしっかりと理解した上で、問題に臨むこと。また、足し算では「あわせて、ぜんぶで、みんなで、ふえると」などの言葉に着目させていました。引き算でも同様に、「へると、とると、たべると、あげると」など言葉が登場します。このようにあらゆる語彙を増やしながら、具体的な算数活動を通して実感できる学習を目指します。

2くみのみんなと みずあそびをしよう（生活科）

　28日（火）、生活科の学習で、水遊びをしました。おもちゃをつくったり、水をつかったりした外遊びです。セミが鳴く位暑い日でしたが子供達は、朝の登校した時からわくわくした表情を見せて、教室に入ってきました。今回、水遊びにおいて、子供のやりたいことを叶えるために、時間をたっぷり設定しました。時間の制限を設けないことで、活動に没頭し試行錯誤が生まれてきます。活動中の子供達は、作ったおもちゃで水のかけあいっこをしたり、まとあてゲームをしたりする様子がみられました。また、水と土を混ぜて、泥団子を作る友達の姿から、泥遊びに発展していく集団遊びの面白さも垣間見えました。「これで遊んだら？」など言わずとも、自然と子供達の体は動き始めます。やはり、1年生の遊びの想像力と友達の意見を吸収する力には驚かされる毎日です。準備や片付けなどもしっかりきれいに元通りにできました。※子供の振り返りを裏面に一部紹介します。

~みずあそびのふりかえり~　※国語の合科学習として、絵と一緒に文章でまとめる学習も行いました。
・面白かったことは、砂は少なめ、水を多めに入れて混ぜたらむにゃむにゃして気持ちよかったです。
・お友達と一緒に川を作って楽しかったです。水に砂が入れたら、泥水になってぴっくりしました。すごく楽しかったです。
・今日の水遊びで砂のスープとクッキーを作りました。水の跳ねる音がおもしろかったです。
・鉄棒に紙皿をつけて、水鉄砲をやってみました。水をやってみると、虹が見えました。どろのケーキもつくりました。

来週の予定 （学習進度よって、変更する場合があります）

	月 7/4	火 7/5	水 7/6	木 7/7	金 7/8
1校時	こくご ものがたりをよもう	こくご すきなものなあに	たいいく（なか） なかたいいく	おべんとうのひ はまぎんこどもうちゅうかがくかん かまくらえきしゅうごう かまくらえきかいさん	こくご おべんとうのひをふりかえろう
2校時	さんすう ひきざん	こくご すきなものなあに	せいかつ うごくおもちゃづくりけいかく		さんすう ひきざん
3校時	ずこう ひろせせんせい	せいかつ うごくおもちゃづくりけいかく	がっかつ おべんとうのひにむけて		としょ ほんをかりよう
4校時	ずこう ひろせせんせい	しょしゃ カタカナスキル	おんがく たかいわせんせい		しょしゃ カタカナスキル
5校時	がっかつ クラスかつどう	がっかつ おべんとうのひにむけて	鎌教研日		がっかつ しゅくはくがくしゅうにむけて
6校時				宿泊学習オンライン説明会	
下校	14:35	14:35	13:20	14:35	14:35
持ち物	□たいそうぎ □うわばき □こくご □さんすう □えのぐセット □ずこうきょうかしょ □ずこうバック	□こくご □さんすう □せいかつ □しょしゃ □カタカナスキル	□せいかつ □おんがく	□おべんとう □レジャーシート □すいとう □しおりのもちもの ※ほかはこどもたちときめます	□としょのほん □こくご □さんすう □しょしゃ □カタカナスキル

7日（木）はお弁当の日です。お忙しいところ恐縮ですが、お弁当のご準備をお願いします。行き先は、「はまぎんこども宇宙科学館」です。ちょうど七夕であり、プラネタリウムを見る日にピッタリです。こどもたちと一緒に晴れることを願

来週から、夏休みに向けて絵の具セットや鍵盤ハーモニカ、クロームブックなどの大きい荷物を持ち帰り始めます。

来週の給食当番
1
2
3
4
5

お知らせとお願い

〇7月13日（水）1年2組オンライン学級部会の開催について
　　再来週、7月13日（水）14時から、オンライン学級部会を開催します。入学して第2回目の学級部会となります。保護者の皆様より、自己紹介していただくお時間を設けております。テーマ「住んでるエリア・小学校に入学して一言（お一人1分程度）」でお話ください。明るく、素敵な交流の時間となればと考えておりますので、ご参加よろしくお願いします。
●部会は全員参加が原則です。　●当日、やむを得ず欠席される場合は13時までに学校にご連絡ください。
●お子さんの参加はご遠慮ください。　●オンラインの開催ですので、音声や画面共有などの情報管理にご注意ください。
●表示されるお名前は、お子さんの名前にしてください。　●ビデオはオンにしてください。
●参加時はミュート設定で行い、お話される時のみ解除してください。

〇健康診断記録カードについて
　　7月8日（金）に、1学期おこなった健康診断結果を配布します。お子さんと結果内容を確認していただき、13日（水）までに、担任までご返却ください。押印を忘れずにお願いします。

POINT

〈ここでのポイントとまとめ〉
① 学級通信で学校の様子を丁寧に伝えていこう。
② 学級通信を通して，教育活動への理解を図っていく。

第 **6** 章　学校はチーム―教師との関わり方

49　学年主任との関わり

〉最もよく接するメンター〈

学年主任とは学年のリーダーです。「学校教育法施行通達」の留意事項では，次のように述べられています。

> 校長の監督を受け，学年の経営方針の設定，学年行事の計画・実施等当該学年の教育活動に関する事項について，当該学年の学級担任及び他の学年主任，教務主任，生徒指導主事等との連絡調整に当たるとともに，当該学年の学級担任に対する指導，助言に当たるものであること。

学年主任は，学年をよりよい方向へ導く「指揮者」のイメージに近いです。学年の教師の願いや能力を生かす，子どもたちの実態をふまえたうえで学年として必要な教育方針をまとめていくなどの役割があるからです。読者のみなさんも数年間の教員経験をしたのちに学年主任を任されるようになると思います。

学年主任との関わりで意識したほうがよいことが３点あります。それは，①**学級の様子を共有する**，②**自分のできることを伝える**，③**自分が学年主任だったらという視点をもつ**ことです。

①　学級の様子を共有する

学級経営や学級の子どもで気になることがあるとまず相談するのは学年主任になると思います。学年主任は，学年全体の状況を考えながら学級経営や指導方法を考えています。気になることや改善したい点が出たときは学年主任に話して助言をもらうとよいと思います。筆者が今まで接してきた学年主任は，若手教師から話を聞くと，必要に応じて学年全体で指導をしたり，授業の仕方についてアドバイスしたりしていました。また，子どもに指導する場合に，学級担任１人だけでは不都合がある場合は，学年主任も一緒に入って指導することもありました。

144

② 自分のできることを伝える

学年で行う仕事があります。例えば，校外学習に行く際の子ども用のしおりの作成，学年でそろえたほうがよい掲示物の作成，学年独自で配付する保護者向けの手紙の作成などがあります。学年主任がこのような分担を過度に行っている場合，じつは学年全体でバランスが悪くなってしまうことがあります。学年主任は，学年の教育方針をまとめていく立場です。学年主任が，目先のことに集中しすぎてしまうと全体把握する力を発揮できなくなることがあります。そうすると結局学年の仕事で抜けが出てしまうことがあるのです。それを防ぐためとさまざまな仕事を経験するという意味でも，自分のできる仕事は引き受けてよいと思います。

③ 自分が学年主任だったらという視点をもつ

先ほど伝えたとおり，数年後には自分が学年主任になっている可能性があります。初めて学年主任なったとき，今まで一緒に学年を組んだ学年主任の方法が大きく影響します。そして，初めての対応が多く戸惑うこともあると思います。筆者自身，どのように対応したらよいか悩むことがたくさんあったことを覚えています。もし，自分が学年主任だったという視点をもちつつ仕事をしていたら，よりスムーズに学年主任をできたのではないかと思います。

一緒に仕事をする学年主任の学年研究会の進め方，子どもへの指導などを見てしっかりと学ぶことが大切です。また，仕事の仕方で大切にしていることを日頃から聞いておくこともよいと思います。そのような毎日の積み重ねが学年主任との信頼関係の構築，さらに自分自身の教師としての能力の向上につながるはずです。

POINT

〈ここでのポイントとまとめ〉
① 学年主任は，学年の教育の方向性を決めたり，学年にいる教員のよさを引き出したりする立場。
② 学年主任との関わりで大切なことは，「①学級の様子を共有する，②自分のできることを伝える，③自分が学年主任だったらという視点をもつ」の3点。

50　近い世代の教師との関わりとメンターチーム

> 身近で相談でしやすい存在

（１）近い世代の教師との関わり

　ここ10数年の間，教員の大量採用が続いています。筆者の勤めている横浜市でも１校に数人の初任の教員が配属されることがあります。このような状況ですので，教職経験年数が近い人が職場にいる可能性が高いと思います。近い世代の先生とのつながりをもつことは，とてもよいことです。その２つの理由は，**「①細かいことを遠慮せず聞きやすい，②似たような仕事を近年のうちに経験している可能性が高い」**からです。

①　細かいこと遠慮せずに聞きやすい

　新しく学校で働くことになると細かいところがよくわからないことがたくさんあります。例えば，学校の鍵の開け方，学校の物品がどこにあるのか，ごみを捨てるときはどうしたらよいのかなどが最初にあります。さらに，子どもたちが登校するようになると，校庭で遊べる時間，掃除当番の行い方，給食を取りに行く順番などが各学校によって異なります。校庭の遊び方のルールや掃除当番のルールなどはあらかじめ学校全体で確認していると思いますが，実際に始まってみてから判断に迷うことが出てきます。そのようなときに，近い世代の教員は相談をしやすいです。細かい所や大したことはないと考えたことでも自分のなかで少しでも悩んだことがあれば，遠慮なく聞いてみるとよいと思います。

②　仕事やプライベートでも似たようなことを近年のうちに経験している可能性が高い

　教職経験年数が近いと必然的に同じような仕事をしていることが多いです。例えば，初任者研修です。初任者研修は，採用された１年目に行う研修ですが，正規採用の教職員は受講しています。初任者研修では，どのようなことが行われたのか，どのような心構えで受けるとよいのかなどをあらかじめ聞いておく

ことで研修に対する見通しをもつことができます。

　また，学生から社会人になるとき，大きな生活の変化に戸惑う人が多いです。そのようなときに，仕事とプライベートをどのように両立させていったのかを聞いてみるのもよいと思います。同じ学校で働いていますので，学校の風土や学校近辺の情報を理解しています。一般的なアドバイスとは違い，より具体的なアドバイスを聞けると思います。

　筆者の知っている人で，教職経験年数6年目の先生が，積極的に初任の若手先生に声をかけていました。6年目の先生と初任の先生は，同じ学年を組んでいるわけではありません。しかし，進んで声をかけて授業の相談をしていました。初任の先生は，相談したことをもとにして授業を行っていました。また，子どもに対する支援方法についてもアドバイスをもらっていました。その結果，初任の先生の学級が安定してきて，子どもたちとよい関係を築けるようになりました。

　また，教職経験年数が2年目の先生と初任の先生が同じ学年を組んでいたときの話です。初任の先生がどうしても授業がうまくいかなくて困るという話をしていたところ，2年目の先生が「それは当たり前だと思う」と伝えて協力して授業準備をしていました。それが授業改善につながっていたと思います。

（2）メンターチーム
　つぎに，メンターチーム内の関わりについて詳しくお伝えします。
　① メンターチームとは
　自治体によっては教職1〜5年目までの先生がチームとなり，授業力を高めていくメンターチームという組織をつくる学校もあります。

　このメンターチームとは，初任者や若手先生に指導する立場のメンターと，メンターから指導を受ける後輩教師のメンティで構成されています。このような組織，または同期のとの先生たちとのかかわりが，日々の悩みを解決してくれる助力になるはずですので，積極的に相談しましょう。同じ年代だからこそ，わかり合える問題はたくさんあるはずです。一度同じ道を通っている先生です

ので，たくさん聞いていく姿勢をもち続けていきましょう。

次に示すメンターチームのモデル図を参考にしてください。

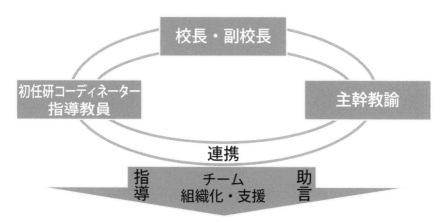

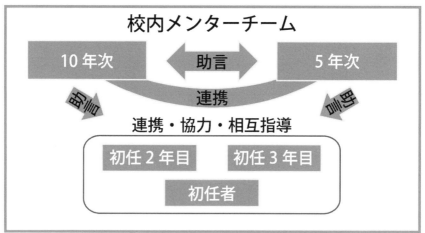

メンターチームのモデル図

出所：学びの場.com（https://www.manabinoba.com/research/016440.html）

② 「いいな！」と思ったらすぐまねる

社会科の授業で取り扱う資料などの学習における悩み，席替えについての学級指導の悩み，たくさん聞いてみるとそれだけでも多くの視点をもらえるはずです。ぜひ，自分が「いいな！」と思った助言をまずは実践してみましょう。そのアドバイスをくれた先生は，もしかしたらその資料をもっているかもしれ

ません。その資料も参考にさせてもらいながら，まねをしてみましょう。

　私たち教師は，毎日授業をやってきます。そして，準備する時間も短いことが現実です。そんなときに，ゼロベースからつくり上げていくのではなく，同期やメンターチームの考えを踏襲しながら，授業をつくっていけば効率的に仕事を進めることができます。

③ メンターチームの授業を見に行こう

　メンターチームでいろいろな先生たちの授業を見に行くという時間があります。発問の仕方や板書，席配置などその先生らしさが見えてきます。「なかなか時間を取ることが忙しいよ」と思うかもしれませんが，初任時代に多くの授業を見に行くことが，教育ビジョンをつくり出すきっかけになるのです。それは，手法をスポンジのように吸収できる時間が初任時代だからです。また，「自分と同い年くらいの先生がとても素敵な授業をしている」とよい刺激を受けたことも覚えています。多くの授業スタイルにふれ，自分に合っているスタイルを見つけてみましょう。

　読者のみなさんも数年経ったらぜひ，初任の先生に教えてあげてください。きっととても役に立つと思います。

> **POINT**
> 〈ここでのポイントとまとめ〉
> ① 近い世代の教師は身近なことを相談しやすい。
> ② 仕事でもプライベートでも似たような経験をしている可能性が高い。具体的なアドバイスを聞くことができるチャンス。
> ③ メンターチームを効果的に活用しよう。

51 管理職との関わり

　みなさんが働く学校には校長・教頭（もしくは副校長）がいると思います。学校管理職にはどのような役割があるでしょうか。学校教育法第37条では次のようになっています。

> 校長は，校務をつかさどり，所属職員を監督する。
> 教頭は，校長（副校長を置く小学校にあつては，校長及び副校長）を助け校務を整理し，及び必要に応じ児童の教育をつかさどる。

　まず，校長の役割です。校長は，勤める学校に関わる仕事の責任をもち，さらに所属している教職員の管理をするというものです。

　つぎは，教頭の役割です。副校長と教頭の役割は多少異なります。教頭は，校長を助ける，さらに校務を整理する，そして必要なときは子どもの指導をする役割があります。

　校長は学校に関することを決めていく，教頭はそれを助けるということがいえます。この学校管理職と上手に連携することは教員として大切になります。

　ここでは，学校管理職との関わり方について2点のポイント「①学年にも伝えたうえで気になることは直接伝える，②管理職との面談をうまく活用し，自分について聞いてみる」を伝えます。

　① 学年にも伝えたうえで気になることは直接伝える

　仕事をするなかで，学級での成果や課題，会議の進め方などについてさまざまな点で気づくことがあります。そのようなことを声に出してみることは大切です。直接言いにいくのは，最初はハードルが高いかもしれません。そのようなときはまず，学年の教師に相談してみるとよいです。そのうえで直接学校管理職に伝えにいくとよいです。校長には校務をつかさどる，教頭には校務を整理していく役割があります。それをふまえたうえで，よりよいアドバイスや改

善案が出てくることも多いと思います。

② 学校管理職との面談をうまく活用し、自分について聞いてみる

1年間に少なくとも数回は学校管理職を面談する機会があると思います。その機会をうまく活用することが大切です。

学校管理職は、先生がやってみたいことや学んだことを聞き、これから学校でどのような活躍を期待できるのかを考えます。また、今後の教職員の育成についても考えます。そのときに自分のこれからのプランを素直に話すことをおすすめします。

どのような仕事をしたいのか、例えば「どのような教科を学びたいのか／校務としては学校安全に深く関わりたいのか／子どもの支援に深く関わりたいのか」などです。もちろん、学校全体のバランスを考えて配置を決めるのですべて希望どおりになるとは限りませんが、学校管理職の育成の視点の1つに間違えなく含まれます。これを続けていくことで、自分がなりたい教師に近づいていくための環境が整っていきます。

また、できれば自分のよさや課題についても聞くとよいです。自分で思う自分と学校管理職から見える自分では、同じところも異なるところもあるからです。それがもとで今後の成長のヒントが見つかる可能性が高いです。

筆者はよく学校管理職との面談に、自分の思いを話したうえで、さらに学校内でやったほうがよいことは何かを質問していました。授業について教職員で話し合う風土をつくってほしいとアドバイスをもらいました。そのおかげで授業力向上に直接関わる仕事を行うことができるようになりました。

POINT

〈ここでのポイントとまとめ〉
① 校長には校務をつかさどる、教頭に校務を整理する役割がある。
② 学校管理職に積極的に考えを伝えたり、自分のことを聞いたりすることで、アドバイスをもらったり、自分を見つめ直したりする機会をつくろう。

52 養護教諭・学校事務職員・学校用務員・学校栄養職員との関わり

) よりよい関係性の築き方 (

次に示す「学校組織図」の例を見てみましょう。

出所：文部科学省ウェブサイト

学校にはさまざまな職種の人がいて，それぞれの役割で，学校教育に貢献しています。ここでは，養護教諭・学校事務職員・学校用務員・学校栄養職員の仕事の概要と関わり方で意識したほうがよいことをお伝えします。

（1）専門職としての仕事の概要
① 養護教諭
　養護教諭は，保健室の先生です。子どもの健康診断や体調不良の子どものケアなどを担当しています。さらに，歯科指導や学校保健委員会や保健の学習の指導など子どもたちの健康増進に関わる活動を行います。また，学校全体の欠席状況や急に連続で欠席している子どもなどの把握をすることができます。ほかにも水道水やプールなど学校の衛生管理も担っています。

② 学校事務職員
　学校事務職員は，学校の経理をメインに扱います。比較的費用がかかるものについては，予算委員会を企画し，どのような物品が校内で必要かをまとめていきます。普段は，学校教育に必要な消耗品の発注を行います。また，教職員の労務管理も行います。通勤経路が変わったときの取りまとめや出張の申請の確認などを行います。さらに，学校施設に故障が起きた際に，業者に発注かけたり，費用の支出の申請を行ったりします。

③ 学校用務員
　学校用務員の仕事は，子どもたちが安全・安心して学校で生活するための環境整備を行います。教室の扉の鍵の調子が少し悪くなったときや教室や廊下のタイルが少し剥がれてしまったときなどは，学校用務員が修繕をしています。また，電球の取り換えやトイレなどの清掃も行っています。

④ 学校栄養職員
　学校栄養職員の仕事は，給食に関わることの全般を行います。例えば，給食の献立の作成，食材の発注，調理の管理なども行います。さらに，子どもたちに対する食育を行うこともあります。また，アレルギーがある子どもの献立の確認や保護者とのやり取りを担当していることが多いです。

（２）専門職と関わるときに意識すること

　それぞれが専門職として学校教育に貢献しているということがわかります。では，どのように関わっていくとよいでしょうか。それは，**相手が仕事をしやすいように意識して関わるということ**です。

　① 養護教諭との関わり方

　養護教諭は，歯科検診や内科検診などの時間の調整を行っています。各学級に時間の割り当てを行うことが多いのですが，どうしても変更が必要な場面が出てきます。そのようなときは，直前ではなく，変更が必要になったときに早めに伝えることが大切です。養護教諭は，各学級の時間の割り当てを行うことに加えて，検診を担当する学校医とも日程の調整を行っています。早めに知ることで学校医に対しても適切な対応を取ることができるようになります。

　学級で体調不良の子どもが出た場合には，担任が気づいた様子をあらかじめ伝える，保健室に行って早退した子どもは，どのような様子で過ごしていたのかを自分から聞きに行くなども考えられます。

　また，学級で気になる様子の子どもがいたら伝えておくことができます。養護教諭が学級担任と同じ視点をもって，その子どもに接することができるからです。それが，保健室に来た際の適切な支援につながるはずです。

　② 学校事務職員との関わり方

　学校事務職員に対しては，必要な物品を発注する際にはなるべく早めに伝えておくとよいです。どうしても急になってしまうことがあるかもしれませんが，これは意識しておくとよいです。急な発注になると，学校事務職員も手続きをすばやく行わなければなりません。そのようなときにミスが出てしまうことが多いからです。

　さらに，学校が管理するお金には，準公金と公金があります。

　準公金とは「義務教育の中で学校の教育活動のために保護者等から集める公的性質を有する金銭」であり，学校預り金やPTA会計，各種行事会計等をさしますが，公金は「国または地方公共団体の予算に計上される金銭」です。

（「四万十町事務職員部会だより」第97号）

準公金は，子どもたち個々が用いるドリルやテストなどの副教材費や遠足などの校外学習費と考えるとわかりやすいです。いっぽう公金は，税金で学校の施設管理や学校全体で使う用紙など学校全体に関わるものに用いられていると考えることができます。

学校事務職員に注文をする際に，その予算は準公金なのか公金なのかを一緒に確認して行うことが必要になるケースがあります。適切な会計処理は学校教育を円滑に行うための必要条件です。しっかりと連携していきましょう。

③ 学校栄養職員との関わり方

学校栄養職員に対しては，給食の感想を伝えるとよいです。教員自身が感じたことや子どもたちから出た感想です。例えば，○○のメニューが食べやすかった，○○を子どもたちはよく食べていた，○○の味つけがよかった，今日のメニューは盛りつけがしやすかった，また逆にしにくかったなどです。

筆者の経験ですが，骨折をして給食で使用する箸を使うことがむずかしい子どもがいたときには，それを相談することで特別にスプーンやフォークを骨折が回復するまで，用意してくださったことがあります。何事も聞いてみる，伝えてみることが大切です。

また，食に関することで一緒に授業を考えることが考えられます。栄養職員は，食に関する知識がとても豊富です。教師の指導力に加えて，食の専門性が加わることで，より質の高い授業を行うことができるようになります。

学校用務員や学校給食調理員に対しても同じように考えることができます。相手の仕事内容を知り，専門性から教わる。そして，その仕事がやりやすいように自分ができることが何かを考えて行動するとよいと思います。

また，日頃から感謝の気持ちを伝えることも大切にしていきましょう。

POINT

〈ここでのポイントとまとめ〉

① 養護教諭・学校事務職員・学校用務員・学校栄養職員は，それぞれの立場で学校教育を支えている。

② それぞれの立場で仕事がやりやすいように考えて，関わりをもつことが大切。

お わ り に

　ここまで読んでいただき本当にありがとうございます。

　教師人生はさまざまです。大卒からずっと同じ自治体で教師をする，数年経験したあと自分の育った地元に帰って教師をする，一般企業で勤めたあとで教師になる，教師をやめて別の教育系の仕事をするなどがあります。最近は，教師を一度辞めてからもう一度教師になる人もいます。さらに，結婚や自分の子どもが生まれるなどのライフイベントによって働き方が変わってきます。

　また，学級担任から学年主任になる，教諭から指導教諭や主幹教諭になる，主幹教諭から学校管理職になるなどの変化によって，仕事の内容が変わってきます。

　教師と一口にいってもさまざまな変化があるということです。ただし，そのなかでもずっと自分自身に変わらず残り続けることがあると思います。

　それは，たくさんの子どもと出会い，教える，活動をする経験です。筆者ふたりは，今まで多くの子どもの学級担任をしてきましたが，それぞれ子どもたちとの数多くのエピソードが記憶に残っています。そして，その経験が今の自分の価値観や行動につながっているのだと思います。また，数多くの先生たちと出会うことができます。そのすべてが，自分自身の成長として返ってくるのだと思います。

　筆者の勤める学校で，運動会が終わった直後に教職員が感想を伝え合う機会がありました。そこで素敵な話を聞けましたのでお伝えします。

　ある教師が子どもだったときの話です。運動会で自身が演技をしているときに，朝礼台に立っている先生が見えたそうです。運動会の演技（ダンス，組体操などがあります。最近は，高学年はソーラン節が多いです）のとき，安全確認のため朝礼台に教師が立ちます。

　その朝礼台に立っている先生が，演技を見て涙を流していたそうです。その

姿を見て，自分も教師になったとき，その朝礼台から子どもたちが演技する姿を見たいと考えたそうです。この日，実際にその経験ができて本当によかったと語ってくれました。

　朝礼台の上で安全確認をするのは，その演技について指導の中心を担う教師が多いです。子どもたちの練習を始める前からの様子をよく知っています。そして，成長する過程もよく理解しています。ある子どもがどうしてもできなかったダンスがいつからかできるようになっていること，いつも全力でダンスをしている子など，さまざまな気づきが得られます。きっとその教師は，子ども時代に見た先生の涙の意味を，深く実感できたのではないかと思います。

　その教師が話をしてくれたことをとても感謝しています。その経験がきっと成長につながっているはずです。

　教師は，子どもや先生たちと一緒に数多くのすばらしい経験をすることができます。だからこそ，大変なこともあると思いますが，楽しく前向きに取り組んでもらえたらとても嬉しいです。そして，一緒に日本の教育をよりよいものにしていけたらと思います。

　最後になりましたが，執筆にあたってたくさんのアドバイスをしていただいた三橋国雄校長先生，インタビューを快く引き受けてくださった武田ありさ先生・辻下拓土先生・三輪夏々子先生，執筆の機会を通して数々の気づきを与えてくださった方々，そして，このような機会をつくってくださった人言洞二村和樹氏に厚く感謝を申し上げます。

　2023年4月

杉本　敬之
村松　秀憲

[著者]

杉本 敬之（すぎもと ひろゆき） 横浜市立綱島東小学校副校長
1983年千葉市生まれ。2007年4月より横浜市立小学校にて教職をスタートする。2022年度より現職。2021年にSBI大学院大学経営管理研究科へ入学し，学校教育と経営学を結びつける活動を行っている。メンタルヘルス・マネジメント検定試験Ⅱ種保有。「子どもも教員もみんなが主体的に！」がモットー。主な著書に『「見方・考え方」を働かせて学ぶ社会科授業モデル3・4年』（分担執筆）明治図書出版，2019年／『「問い」の質を深め 問題解決する社会科学習』（分担執筆） 東洋館出版社，2020年／『主任の仕事からICT活用まで 新時代を生き抜くミドル教師の仕事術』（共著），2022年がある。問い合わせ先：kyouikujikokeihatu@gmail.com

村松 秀憲（むらまつ ひでのり） 横浜国立大学教育学部附属鎌倉小学校教諭
1992年山梨県生まれ。2015年都留文科大学文学部初等教育学科自然環境科学専攻を卒業。同年4月より，横浜市立小学校に赴任し，2020年度より現職。生活科・総合的な学習の時間を研究分野として，各自治体や学校で講師を務める。教師をめざす大学生に向けて教職研修を行っている。子どもの悩みを解決するチャイルドカウンセラー資格を保有。主な著書に『「問い」の質を深め 問題解決する社会科学習』（分担執筆） 東洋館出版社，2020年／『主任の仕事からICT活用まで 新時代を生き抜くミドル教師の仕事術』（共著），2022年がある。

若手先生の若手先生による子どものための教育マネジメント

2023年5月30日　第1版第1刷発行

著者　杉本 敬之・村松 秀憲
© SUGIMOTO Hiroyuki/MURAMATSU Hidenori 2023

発行者　二村 和樹
発行所　人言洞 合同会社 〈NingenDo LLC〉
　　　　〒234-0052　神奈川県横浜市港南区笹下6-5-3
　　　　電話　045（352）8675　(代)
　　　　FAX　045（352）8685
　　　　https://www.ningendo.net

印刷所　亜細亜印刷株式会社

定価はカバーに表示してあります。
乱丁・落丁の場合は小社にてお取替えします。

ISBN 978-4-910917-05-4